KB057638

반지성
주의보

바라보면 보이는 것들 시리즈

나를 위해, 지난 세대를 위해, 미래 세대를 위해 혹은 소중한 누군가를 위해 사회 문제를 함께 보고 생각합니다. 화제가 되는 사회 이슈의 본질이 무엇인지 이해를 돕거나 더 조명되어야 할 사회 문제를 알림으로써 현재의 역사를 짧고 빠르게 기록합니다. '바보 시리즈'는 건강한 사회 생태계를 만드는 일을 돕겠습니다.

바보
시리즈03

반지성 주의보

초판 1쇄 인쇄 2021년 11월 10일
초판 1쇄 발행 2021년 11월 15일

지은이. 현병호
펴낸이. 김태영

씽크스마트 미디어 그룹
서울특별시 마포구 토정로 222(신수동) 한국출판콘텐츠센터 401호 전화. 02-323-5609
웹사이트. thinksmart.media
인스타그램. @thinksmart.media
이메일. contact@thinksmart.media

•씽크스마트 - 더 큰 생각으로 통하는 길
'더 큰 생각으로 통하는 길' 위에서 삶의 지혜를 모아 '인문교양, 자기계발, 자녀교육, 어린이 교양·학습, 정치사회, 취미생활' 등 다양한 분야의 도서를 출간합니다. 첫 원고부터 책의 완성까지 늘 시대를 읽는 기획으로 책을 만들어, 넓고 깊은 생각으로 세상을 살아갈 수 있는 힘을 드리고자 합니다.

•도서출판 사이다 - 사람과 사람을 이어주는 다리
사이다는 '사람과 사람을 이어주는 다리'의 줄임말로, 서로가 서로의 삶을 채워주고, 세워주는 세상을 만드는 데 기여하고자 하는 씽크스마트의 임프린트입니다.

•진담 - 진심을 담다
진담은 씽크스마트 미디어 그룹의 인터뷰형 홍보 영상 채널로 '진심을 담다'의 줄임말입니다. 책과 함께 본인의 일, 철학, 직업, 가치관, 가게 등 알리고 싶은 내용을 영상으로 만들어 사람들에게 제공하는 미디어입니다.

ISBN 978-89-6529-294-4 (03330) 9,500원

바보
시리즈
03

현병호 지음

반지성
주의보

우리 안의
반지성주의를

경계하며

씽크
스마트

현병호

격월간 교육 잡지 《민들레》 발행인. 지은 책으로는
《스스로 서서 서로를 살리는 교육》이 있고, 《대안
교육 20년을 말하다》, 《재난의 시대, 교육의 방향을
다시 묻다》 외 여러 권을 함께 썼다. 옮긴 책으로는
《마지막까지 살아남은 사람》, 《소통하는 신체》(공
역) 등이 있다.

반지성의
거미줄을
걷어내는 일

반지성 퍼
교육 자

머리말

　'오늘날 세계에는 반지성주의라는 유령이 배회하고 있다.' 마르크스 식 표현을 빌어 말하자면, 이 유령을 사냥하려고 동맹을 맺은 집단은 없다. 덕분에 유령은 전 세계를 누비고 다닌다. 인터넷 덕분에 웬만한 지식과 정보가 만천하에 공개된 시대에 반지성주의가 횡행하는 것은 지식과 지성이 별개임을 말해준다. 지성이 지식의 맥락을 읽어내는 능력이라면, 반지성은 그 맥락을 의도적으로 왜곡하거나 짜깁기하는 것이다. 거기에는 지식권력에 대한 경계심과 그 권력을 해체함으로써 스스로 권력을 행사하고자 하는 의도가 깔려 있다.

반지성주의는 최근에 새롭게 나타난 현상이 아니라 오랜 역사적 배경을 갖고 있다. 지식계급이 정치를 주도한 동양에서는 두드러진 현상이 아니었지만, 분서갱유[1]를 시도한 진시황 시절부터 무력으로 권력을 차지한 이들과 까막눈이었던 민중들 속에는 지식인에 대한 경계심과 거부감이 잠재해 있었다. 기독교 문명권인 서구에서는 신앙과 배치되는 지식에 대한 거부감의 뿌리가 깊다. 18세기를 풍미한 계몽주의는 역설적으로 반지성주의의 대중화를 낳는 기폭제 역할을 했다. 19세기 프랑스에서 시작되어 20세기 홀로코스트로 이어진 반유대주의 또한 반지성주의가 낳은 비극이다.

　　21세기 들어서는 미국이 사실상 반지성주의의 요람이 되고 있다. 달나라에 가장 먼저 발을 딛은 미국인들이지만 아직도 상당수가 지구평면설을 믿고 있으며, 지구의 역사가 6천 년이라는 창조과학 이론을

---

1) 중국을 통일한 진나라에서 기원전 213~212년 실용서를 제외한 사상서를 불태우고 유학자들을 생매장한 사건(생매장의 사실 여부에 대해서는 이론이 있다). 이는 봉건제를 옹호하는 유가 세력을 억누르고 군현제를 통해 중앙집권국가를 이루려는 의도에서 비롯된 측면도 있다.

'진지하게' 연구한다. 복음주의에 뿌리를 둔 아메리카식 반지성주의는 평등주의와 실용주의 정신에 의해 한층 강화되어, 트럼프를 통해 사실상 미국사회의 주류로 떠올랐다. 2020년 코로나 팬데믹이 일어나면서 반지성주의는 더욱 기세를 더해가고 있다. 인터넷과 SNS라는 신문명이 기름을 끼얹어, 오늘날 반지성주의는 코로나 바이러스 못지않은 전파력을 갖고 세계를 휩쓸고 있는 중이다.

어쩌면 반지성주의의 뿌리는 인류 문명의 기원에까지 뻗어 있는지도 모른다. 인류 문명은 근원적으로 이야기에 기초하고 있다. 종교가 그러하고 경제가 그러하다. 국가나 민족이라는 것도 따지고 보면 꾸며낸 이야기에서 시작된다. 많은 민족들이 스스로 신의 선택을 받은 민족이라 믿음으로써 자긍심을 갖고 세상을 살아간다. 한낱 그림이 인쇄된 종이 쪼가리에 불과한 것을 '화폐'라 믿기로 하고 모든 사람들이 주고받음으로써 경제가 돌아간다. 정치도 경제도 문화도 모두 그럴듯한 이야기에 지나지 않는다. 하지만 그 이야기가 세상을 움직인다.

우리는 언제나 이야기에 목말라 한다. '인간은 이야기를 지어내는 존재'라는 유발 하라리의 통찰은 사회적 동물인 인간이 공동체를 이루는 데 필요한 접착제를 거미가 거미줄을 자아내듯 만들어낸다는 뜻으로 이해해도 좋을 것이다. 그것은 지성의 거미줄일 수도 있고, 반지성의 거미줄일 수도 있다. 반지성의 거미줄을 걷어내고 지성의 거미줄만 남긴다고 해서 세상이 좋아지지는 않을 것이다. 권력화한 지식은 주먹보다 더 폭력적일 수 있다. 지식권력에 대한 대중의 경계심에는 그만한 이유가 있다.

　　이 책자에 실린 글들은 우리 사회의 반지성주의 흐름 가운데서도 진보를 자처하는 이들의 사고 속에 잠복해 있는 반지성주의를 드러내는 데 초점을 맞추고 있다. 현대문명의 맹점을 꿰뚫어보는 이반 일리치 같은 지성인의 통찰이 아이러니하게도 반지성주의를 부추기기도 한다. 이른바 아나키스트 성향의 진보주의자들 중에는 '병원이 병을 만든다'는 그의 주장에 동조하여 현대의학을 부정적으로 보는 이들이 적지 않다. 필자 또한 한때 자연주의에 경도되어 『의사에게 살해당하지 않는 47가지 방법』같은 책에 솔깃하며 침과 민간요법으로 병을 다스리려 애를 쓰곤 했다.

문명의 위험을 보다 예민하게 느끼는 이들이 반문명으로 기우는 것은 자연스러운 일이다. 현대의료 시스템에 대한 불신으로 말미암아 자연치유나 백신거부로 기우는 것은 반문명주의지 반지성주의는 아니다. 하지만 거기서 한걸음 더 나아가 백신이 나노칩을 심기 위한 음모라고 주장하는 것은 반지성주의다. 병원 치료를 거부하는 것은 반문명주의이지만, 검증되지 않은 민간요법을 맹신하는 것은 반지성주의다. 실제로 반문명주의와 반지성주의의 경계는 희미하다. 여차하면 자신도 모르게 경계를 넘어서게 된다.

반문명과 반지성 그리고 비지성은 구별되어야한다. 핵문명에 경계심을 품는 이들 중에는 대체에너지를 지향하는 이들도 있고, 드물지만 원시주의를 지향하는 이들도 있다. 원시주의는 반문명인 반면, 대체에너지를 선호하는 것은 다른 문명을 추구하는 것이다. 반문명은 결국 지구호에 탄 승객 수를 줄이자는 주장으로 이어진다. 그렇다면 누구를 배에서 떠밀 것인가. 대안문명을 위한 현재의 신재생에너지 기술로는 인류의 에너지 문제를 해결할 수 없다. 반문명이나 대안문명을 주장하면서 자신의 주장이 가져올 결과에 대해 고려하지 않는 것은 비지성적이다. 역설적으로 문명중독에 빠져 있음을 드러내는 것이기도 하다. 오늘날 우리가 누리는 현대문명은 인류 역사에서 매우 예외적인 현상이며, 현인류의 절반이 넘는 사람들은 꿈도 꾸지 못하는 것이기도 하다.

　　반지성주의의 스펙트럼은 꽤 넓다. 백신을 거부하는 이들 중에는 극우와 극좌가 섞여 있고 그 연결고리가 점점 가까워지고 있다고 《네이처》는 경고한다. 반지성주의자들 중에는 반문명주의자도 있고 비지성적인 이들도 있다. 비지성은 말하자면, "수력발전으로 생산한 전기로 앰프를 틀면 은은한 저음이 들리고 핵발전으로 생산한 전기로 앰프를 틀면 폭발적인 사운드가 들린다"고 주장하는 것처럼 인과관계를 왜곡하는 것이다. 비지성에 오염된 반지성주의를 구분하는 것은 필요한 일이다.

　　이 머리글이 반지성주의에 대한 변호처럼 읽힐 수도 있겠지만, 이 책은 코로나 팬데믹과 인포데믹 현상이 횡행하는 시대에 곳곳에 들어서고 있는 반지성의 거미줄을 걷어내는 데 힘을 보태기 위한 작은 노력의 결과물이다. 물론 거미줄을 다 걷어내는 것이 꼭 바람직한 일은 아닐 것이다. 거미줄이 사라지면 해충이 늘어날 수도 있다. 하지만 곳곳에 거미줄이 늘어진 집에서 살 수는 없는 일이다. 좀 더 쾌적한 삶터를 만드는 데 이 책자가 조금이나마 도움이 되기를 바랄 따름이다.

2021년 6월
현병호

지금 아는 것을 그때도 알았더라면

정신세계사

몰랐기에 저지를 수 있었던 일들

　출판사에서 17년 동안 함께 살았던 고양이 꽃네가 떠난 지도 일 년이 넘었다. 언제나 한결같은 모습으로 곁에 있을 것만 같더니 시름시름한 지 한 달 만에 세상을 떴다. 고양이 나이 18세는 사람 나이 백 살쯤이어서 천수를 누린 거라지만, 물을 더 자주 갈아주고 더 잘 돌봤더라면 하는 때늦은 후회가 든다. 입 냄새가 나기 시작한 것이 신장 기능이 나빠져서 그런 줄도 모르고 "너는 입내냐, 꽃내냐" 놀리기도 했다. 지금 아는 것을 그때도 알았더라면 꽃네는 좀더 건강하게 더 오래 우리 곁에 머물지 않았을까?

　17년 전 어느 봄날, 아마도 길냥이의 새끼였던

꽃네는 젖은 털뭉치 같은 상태로 길바닥에 쓰러져 있었다고 한다. 지인 가족이 우연히 발견해 병원에 데려갔더니 곧 죽을 거라 했지만 운 좋게도 조금씩 기운을 차려 고양이 꼴을 갖추기 시작했다. 지인은 아이의 천식 때문에 집에서 더 돌보지 못하고 출판사에서 기를 수 있을지 물어왔다. 귀가 찢어지고 여기저기 털이 뽑힌 앙상한 몰골의 꽃네는 새끼고양이의 귀여움과는 거리가 멀었지만, 인연 따라 흘러들어온 생명을 나 몰라라 할 수는 없었다.

하지만 고양이와 함께 산다는 것이 어떤 일인지를 그때 알았더라면 아마도 그러지 못했을 것이다. 1년 365일 밥과 물을 챙겨야 하고, 주말이면 텅 빈 사무실에 홀로 있는 녀석을 아침저녁으로 돌봐야 한다는 걸 알았더라면, 게다가 17년이 넘도록 그리 해야 한다는 걸 알았더라면 그렇게 선뜻 맡지는 못했으리라. 그런 하루하루들이 이어져 어느덧 17년이란 세월이 흐르고, 또 다시 목련꽃이 피던 봄날 꽃네는 우리 곁을 떠났다.

'지금 알고 있는 걸 그때도 알았더라면'이라는 시가 있다.

"지금 알고 있는 걸 그때도 알았더라면 / 내 가슴이 말하는 것에 더 자주 귀 기울였으리라 / 더 즐겁게 살고, 덜 고민했으리라…"

안타깝게도 시간은 한 방향으로만 흐른다. 어쩌면 다행인지도 모른다. 우리 삶은 잘 알지 못했기에 할 수 있었던 많은 일들로 채워져 있으므로. 내가 지금 아는 것을 그때도 알았더라면 더 현명하게 처신했을 수도 있지만, 어쩌면 아무런 일도 일어나지 않았을 가능성이 더 많을 것이다.

지금 아는 것을 그때도 알았더라면, 지난 17년 동안 매일 아침 사무실 문을 열 때 사뿐사뿐 춤추듯 걸어 나와 반겨주는 꽃네를 볼 수는 없었으리라. 마음에 상처가 있는 아이들이 말없이 꽃네를 쓰다듬으며 위로를 얻는 일도 없었을 것이다. 마감 때면 밤늦도록 책상 위에 앉아 곁을 지키던 의리 있는 친구도, 그리고 어느 주말 아침 꽃네 밥을 챙겨주러 사무실로 가던 길에 우연히 마주치는 바람에 붙들려 민들레에 눌러앉게 된 이도 없었으리라. 그리고 그 만남이 없었더라면 아마도 민들레 잡지는 100호로 종간되었을 것이다.

내가 지금 아는 것을 그때도 알았더라면 그렇

게 자신만만하게 탈학교운동을 벌이지 못했으리라. 학교 밖에도 길이 있다고, 교육이 배움으로 대체되어야 한다고 섣불리 외치지는 못했을 것이다. 잡지를 창간하는 일은 더욱이 벌이지 않았으리라. 꼬박꼬박 돌아오는 마감에, 밤잠을 설쳐가며 원고와 씨름하는 일을 20년 넘도록 되풀이해야 한다는 걸 알았더라면, 그렇게 일을 저지르진 못했으리라. 세상 물정 모르고 싹을 틔운 『민들레』가 그렇게 불쑥 세상에 나오지 않았으면 대안교육운동도 양상이 많이 달라졌을 것이다.

돌이켜보면 하나만 알고 둘은 몰라서 저지른 일들이 많았으니, 그렇게 저지른 일 때문에 숱한 일들이 꼬리에 꼬리를 물고 일어났다. 우리가 지금 아는 것을 그때도 알았더라면 결혼을 하는 이도, 아이를 낳는 이도 더욱 줄어들었을 것이다. 모르면 용감하다는 말처럼 몰랐기에 할 수 있었고, 당하면 감당하지 못할 일이 없다는 말처럼 저마다 하루하루를 감당해내며 살아가고 있다. 때로는 현명하게 때로는 어리석게 처신하며. 지금 아는 것을 그때는 몰랐기에 저지른 어리석은 일들 덕분에 우리에게 주어진 선물이 얼마나 많은가.

자연
'주의자'에서
벗어나기
까지

　나이를 먹고 많은 일들을 겪으면서 세상을 바라보는 시각이 조금씩 변해왔다. 지금 하는 이야기가 둘은 알고 셋은 몰라서 하는 말일 수도 있겠지만, 하나만 알던 시절보다는 조금 더 멀리, 널리 볼 수 있게 된 듯하다. 나이를 헛먹지 않았기를 바랄 따름이다.

　한때 나는 자연'주의자'였다. 자연농법에 혹해 산골 오지로 들어가 농사를 짓기도 했다. 오랜 세월 병원도 약국도 찾지 않았다. 심지어 무릎이 깨어져 외과 처치가 필요한 상황에서도 자연치유, 민간요법에 기댈 만큼 고집스러웠다. 십여 년 전 침술 바람이 불었을 때는 민들레에서도 강좌를 열어 침술을 배웠다. 가까운 이들이 소소한 불편을 호소하면 자신만만하게 침통을 흔들곤 했다. 무지했기에 용감했던 시절이었다.

　침의 효능을 모르지 않지만, 침으로 고칠 수 있는 병과 아닌 병을 구분할 줄 아는 지혜를 갖추기란 쉽지 않다. 10년 전 같이 사는 이가 암 판정을 받았을 때 항암치료를 할지 말지 고민했지만, 머리카락이 다 빠지는 부작용을 무릅쓰면서도 치료를 받은 것이 현명한 결정이었다고 생각한다. 자연요법을 권하는 이도 있었지만, 무모한 용기를 내지 않은 것을 천만다행으로 여긴다.

　대안을 추구하는 사람들은 대체로 자연주의나 대체의학과 친한 편이다. 다양한 대안운동은 탈근대운동의 성격도 있어, 병원이나 학교 같은 근대를 지탱해온 시스템에 대한 톺아보기의 결과 탈제도화로 기우는 경향이 있다. 그러다 보니 『의사에게 살해당하지 않는 47가지 방법』, 『병원에 가지 말아야 할 81가지 이유』 같은 솔깃한 제목의 책들에 쉽게 혹하기도 하고, 시스템에 대한 불신이 음모론으로 기울기도 한다.[2]

　『항암제로 살해당하다』라는 제목의 책이 있

다.[3] 2005년도에 나온 일서의 번역본(2008년 출간)인데 아직도 시판되고 있다. "암환자의 80%는 항암제로 살해되고 있다"는 헤드카피를 달고서. 그 당시에는 한번쯤 귀담아 들을 만한 경고였을 수 있겠지만, 항암제의 부작용이 현저하게 낮아진 오늘날에 그 주장은 위험천만한 조언일 수 있다. 이 책에서 자연의학의 권위자로 떠받드는 모리시타 게이치 박사는 세균과 바이러스의 존재 자체를 부정하기도 한다.[4]

과학이 갖는 권위는 일반인들을 주눅 들게 한다. 병원 진료실에 들어서면 저도 모르게 주눅이 드는 것처럼. 유사과학은 그 주눅 든 마음의 주름살을 펴주면서 기존 권위를 부정하게 만든다. 고대사를 자의적으로 해석하는 유사역사학, 각종 대체요법에 근거한 유사의학의 공통점은 우리의 '에고'를 강화한다는 점

2) 이 책들의 저자인 곤도 마코토와 허현회, 『자연요법』 등의 베스트셀러 저자인 케빈 트루도 같은 사람들의 공통점은 대체의학 전도사이자 음모론자라는 점이다.

3) 이 책의 저자 후나세 슌스케는 아폴로 달 착륙과 9.11 테러가 미국의 자작극이라는 음모론을 주장하는 책을 쓴 대표적인 음모론자이다.

4) '안전한 예방접종을 위한 모임'은 모리시타 박사의 주장을 백신거부 운동의 주요한 근거로 들고 있다.

이다. 숨겨진 진실을 알게 되고 스스로 주체성을 회복했다고 여기지만 대개는 착각일 따름이다.

　　내가 지금 아는 것을 그때도 알았더라면 병원과 약국을 좀 더 편한 마음으로 찾았을 것이다. 무리하게 자연요법에 기대어 상처를 덧나게 만들거나 엉뚱한 치료를 받는 일도 없었으리라. '병원이 병을 만든다'는 것이 일말의 진실임을 인정할지라도, 병원에서 병을 얻는 이보다는 치료받는 이들이 훨씬 많다는 진실을 외면하지 않았을 것이다. 병을 만들어내는 시스템의 부작용에 대한 우려보다 인류를 질병에서 벗어날 수 있게 돕는 일에 종사하는 수많은 이들의 헌신과 성과에 좀 더 신뢰를 보냈을 것이다.

함께
공부해야
하는 까닭

　　과학이 아무리 발달해도 인간의 지식에는 한계
가 있기 마련이다. 장님 코끼리 다리 더듬기에서 벗어
날 수 없는 숙명을 안고 있다. 원주율 π의 무한소수 끝
자리를 끝내 알 수 없듯이, 우주의 신비가 벗겨지는 일
은 없을 것이다. 우주를 지탱하는 것이 그것이기에.
우리 모두는 저마다 미처 보지 못하는 것이 있고, 자신
에게 보이는 것과 다른 사람이 보는 것을 통해 전모를
조금 더 알 수 있게 된다. 그 역시 전모의 일부일 뿐이
지만.

　　모든 과학적 발견은 인류의 지적 유산을 딛고
한 걸음 더 나아간 것이다. 그 한 걸음 또한 당대의 다

른 과학자들의 도움을 받아 이루어진다. 이 글이 많은 사람들의 지적 작업에 기대고 있듯이, 우리의 지적 활동은 모두 집단지성의 도움을 받고 있다. 공부를 함께 해야 하는 까닭도 여기 있을 것이다. 책을 읽고 토론하는 과정에서 시야가 넓어지고 사유가 깊어진다. 논문을 쓰고 서로 검증하는 과정을 거치면서 오류를 바로잡는다.

　　우리는 공부를 통해 미처 몰랐던 것을 알게 된다. 단순히 지식의 총량이 늘어나는 것이 아니라, 관점이 바뀌고 혼동했던 개념을 구분할 줄 알게 된다. 같은 것을 봐도 다르게 보게 된다. 지금 아는 것이 진리가 아닐 수 있음을 알아간다. 백척간두에 서서 한 걸음 더 내딛는 것이 진정한 공부의 세계일 것이다. 자신의 한계에 다가서는 용기, 거기서 또 한 걸음을 내딛는 용기야말로 배움을 가능하게 하는 것이리라.

　　근대적 국가주의에 반기를 들며 개인의 인권을 강조하는 시대적 흐름 속에서 다양한 대안운동이 싹텄다. 대안교육운동도 백신거부운동도 그 지류라고 볼 수 있다. 가치의 제도화에 대한 문제의식에서 출발해 교육과 의료에서 주체성을 회복하고자 하는 노력이기도 했다. 그 과정에서 표준화와 획일화를 혼동하고 교육과 배움을 이원화하는 과오를 범했음을 뒤늦게 깨닫게 된다. 나의 과오가 모두의 과오는 아니겠지만, 탈근대의 흐름 속에서 한 시대의 언어에 많은 이들이 갇혀 있었던 것이 아닌가 싶다. 다양성을 예찬하면서 보편성을 간과하기도 하고, 국가주도 교육을 비판하면서 국가수준의 교육에 대한 고민을 방기하기도 했다.

『민들레』를 창간하며 '스스로 서서 서로를 살리는 교육'이라는 기치를 내걸었던 그 시절에는 미처 몰랐다. 우리 모두가 서로를 살리는 과정에서 비로소 스스로 서게 된다는 것을. 십여 년이 흐른 어느 여름날 밤새 비를 맞고 홀로 쓰러진 대나무를 보며, 홀로 설 수 있다는 믿음이 얼마나 오만하고 철없는 것인지를 깨달았다. 숲의 나무들이 태풍에 쓰러지지 않을 수 있는 까닭이 서로를 붙들어주고 지지해주기 때문임을. 백신의 집단면역 원리도 다르지 않다고 본다. '서로를 살리는' 길 위에서 앎과 삶의 간극을 좁히고자 애쓰는 길동무들인 우리 모두가 한 걸음 더 나아갈 수 있기를 바랄 따름이다.

코로나19와 반지성주의

생각의힘

인간,
이야기를
만들어내는
존재

　　코로나 팬데믹 초기 한국사회에서 확진자를 증폭시키는 데 결정적 역할을 한 신천지교[5]는 신도 수가 30만에 이르는, 나름 성공한 신흥종교다. '신천지'라는 이름은 새로운 세상을 염원하는 기독교 종말론과 전통적인 개벽사상에 맥이 닿아 있다. 새로운 삶이 가능할 것 같은 희망과 그곳에 한발 먼저 발을 딛고 깃발을 꽂아 자기 영역임을 표시하고 싶은 인간의 욕망을 자극한다.

---

5) 박태선의 천부교와 유재열 장막성전의 계보를 잇는 종파인 신천지의 정식 명칭은 '신천지예수교 증거장막성전'이다.

한국에서 '말일성도 예수그리스도교회'로 알려진 모르몬교는 아메리카라는 신천지에서 떠오른 신흥종교다.[6] 그들은 성경에 버금가는 모르몬경이 미국 땅에서 발견되었다는 주장을 대담하게 펼친다. 모세는 석판을 받았지만, 모르몬교 창시자 조셉은 천사의 지시로 땅속에서 황금판을 발굴했다고 주장한다. 신대륙 골드러시 시대에 더 솔깃할 법한 이야기다. 유발 하라리의 말처럼 이야기를 만들어내는 호모사피엔스의 장기를 십분 살린 셈이다.

모든 종교는 인간이 만들어낸 이야기에 기초한다는 점에서 새로울 것이 없지만, 신대륙에 어울릴 만한 신흥종교가 나온 것은 필연적인 수순이라 볼 수 있다. 누가 먼저 깃발을 꽂느냐의 문제일 뿐. 근대화 열풍 속에서 고향을 떠나 대도시 변두리에서 외롭게 살아가는 사람들이나 구대륙을 떠나 망망대해 같은 신대륙에 정착해 살아가야 하는 사람들이 위로와 용기를 주는 이야기에 솔깃하는 것은 자연스러운 일이다.

인류학적으로 볼 때 종교의 기능은 대집단을

---

6) 2005년부터 한국어 명칭이 '예수 그리스도 후기성도 교회'로 바뀌었다.

만드는 데 있다. 종교는 구성원들이 공유할 수 있는 토대가 되는 이야기를 만들어냄으로써 성립한다. 종교가 출현하면서 인간사회는 규모가 커지고 각종 사회제도가 만들어졌다. 개인 차원에서 자기효능감을 불어넣어주는 것도 종교의 기능이다. 신천지교회가 젊은이들에게도 매력적인 이유일 것이다. 교회 안에서 뚜렷한 역할을 부여받고 성취의 경험을 한 젊은이들은 자신에 대한 새로운 이야기를 만들어내면서 삶의 의미를 찾게 된다.

되는 장사에는 사기꾼이 끼어들기 마련이지만, 사기꾼과 사업가의 경계는 애매하다. 폰지사기와 금융업의 경계처럼. 폰지사기의 영향으로 금융제도가 보완되고 더 발달했듯이, 기독교가 번성하는 데는 수많은 사이비들도 한몫했다. 사이비들은 사회에 해를 끼치기도 하지만, 판을 키우는 역할도 한다. 종교에서 사이비 논쟁은 피할 수 없는 싸움이다. 기득권을 누리는 세력은 후발 주자를 견제하기 마련이고, 후발 주자가 앞서는 일도 비일비재하다.

종교와 마찬가지로 경제도 인간이 만들어낸 이야기에 기초한다. 금본위제는 70년대 석유파동 때 무너졌음에도 불구하고 종이 화폐의 가치가 유지되는 까닭은 화폐를 지탱하는 이야기를 사람들이 여전히 신뢰하기 때문이다. 인쇄된 종이쪼가리를 화폐로 믿기로 합의한 사람들이 그것을 주고받으며 긴밀하게 상호작용함으로써 이 시스템은 유지된다. 상호작용의 총량이 높을수록 구조가 탄탄해진다. 자본주의 경제는 사회주의 경제보다 상호작용 총량이 압도적으로 많으므로 쉬 무너지지 않는다.

거품은 경제를 활성화한다. 자본주의는 거품을 먹고 자란다. 자연 또한 거품 없이는 현상 유지도 힘들다. 생태학자 최재천 교수는 '거품예찬'이란 글에서 "모름지기 넘쳐야 흐른다. 그렇지 않으면 죽은 시스템이다. 비록 그 과정에서 안타깝게도 많은 것이 사라지지만 넘쳐야 고여 썩지 않고 흐른다"라고 말한다. 거품 없이는 진화도 없다. 동식물은 많은 씨를 뿌리지만 극히 일부만 살아남을 뿐, 나머지는 다른 동물의 먹이가 되거나 다시 흙으로 돌아간다.

이야기를 만들어내고 전파하는 능력이 인간종의 가장 독특한 능력이라는 유발 하라리의 통찰에는 거품을 먹고 사는 인간사회에 대한 통찰이 담겨 있다.

거품의 경계를 가늠하기 어렵듯이, 사이비와 진짜의 경계는 뚜렷하지 않다. 로마 가톨릭의 면죄부 장사는 오늘날의 관점에서 보면 사이비의 행태와 다를 바 없다. 몇백 년 동안 면죄부를 팔아먹은 가톨릭의 이야기 솜씨도 대단하지만, 그것을 믿는 사람들이 있었기에 가능한 일이었다. "동전이 헌금함에 쨍그렁 떨어지는 순간 조상의 영혼이 연옥에서 천국으로 직행한다"는 이야기가 통하는 사회가 당시 유럽이었다.[7]

---

7) 독일 지역 면죄부 판매위원장이었던 요한 테첼(1465-1519)의 말이다. 면죄부와 함께 "성물 1점당 100일 연옥 면제"라며 조잡한 성물 판매도 성황을 이루었다.

반
지성주의와
음모론

평평한 지구를 사이에 두고 지옥과 연옥, 천국으로 구성된 우주관이 무너진 지가 오래지만 아직도 지구평면설을 믿는 사람들이 미국에는 적지 않다. 2019년 내셔널지오그래픽 조사에 따르면 미국인의 2%가 지구가 둥글지 않을 수 있다고 답변했다고 한다. 지구의 역사가 6천 년이라는 창조과학을 믿는 사람들은 한국 기독교인들 중에도 많다. 창조'설'과 과학'이론'을 억지로 이어붙인 창조과학이란 용어 자체가 반지성적 사고의 결과이지만, 이를 진지하게 '연구'하고 사실로 믿는 이들이 있을 만큼 오늘날 반지성주의는 넓게 퍼져 있다.

반지성주의자들은 이야기와 사실을 뒤섞는다. 신화와 역사를 혼동하고, 판타지와 과학을 앞뒤 맥락 없이 뒤섞는다. 반지성주의자들은 단순히 무식한 사람들이 아니다. "무지는 지식이 결여된 상태가 아니라 지식의 포화로 미지의 것을 받아들일 수 없는 상태"라고 한 롤랑 바르트의 말을 빌자면 '무지한' 사람들에 가까울 것이다. 그들은 자신이 믿는 바를 입증하기 위해 자료를 아전인수 식으로 해석하고 견강부회를 일삼는다. 신천지교는 요한계시록에 기록된 '144,000명'이라는 숫자를 천국행 VIP 회원권 수로 해석하여, 오로지 신천지를 통해서만 입장이 가능하다는 이야기를 만들어냈다.

오늘날 한국에는 자칭 하나님도 여럿이고, 재림 예수는 열 명이 넘는다. 그들의 '뻥'이 통한다는 것은 그런 이야기에 굶주려 있는 이들이 있기 때문일 것이다. 종교뿐만 아니라 다양한 분야에서 반지성주의를 무기로 세를 불리는 이들이 있다. 공자도 한민족이었다는 식으로 고대사를 자의적으로 해석하여 '국뽕'을 조제하는 유사역사학이 재야사학이란 이름으로 목소리를 높인다. 한민족의 찬란한 고대사 이야기에 솔깃하는 사람들이 적지 않다.

각종 음모론 역시 반지성주의를 먹고 자란다. 지구온난화가 후진국들의 산업화를 막으려는 선진국들의 음모라는 주장이 있다. 기후변화의 원인을 둘러싼 과학계의 논쟁이 있었고, 트럼프 행정부가 기후위기 회의론을 지지하면서 정치적 논란 또한 있는 문제이지만, 현재 기후과학자의 95%는 인간이 지구온난화를 유발한다는 총의(consensus)를 지지한다.[8] 과학은 종교나 정치 영역과 달리 쪽수로 참과 거짓이 나뉘지 않고 과학자들의 연구가 쌓여갈수록 총의로 수렴한다. 집단지성의 힘이다.

음모론자들이 자신이 믿는 결론에 부합하는 자료들만을 근거로 확신에 차서 말하듯이, 반지성주의자는 대체로 편견에 사로잡히거나 지적 확신에 차 있다. 미국을 비롯한 세계 곳곳에서 코로나19보다 백신 때문에 사망하는 사람이 더 많을 거라면서 백신거부운동이 벌어지고 있기도 하다.[9] 이른바 진보 진영 사람들 중에도 백신거부운동에 동참하는 이들이 적지

---

8) https://www.skepticalscience.com/translation.php?a=17&l=32

않다. 백신을 통해 마이크로칩을 심으려고 한다거나, 코로나 바이러스가 인구 감축 프로젝트라는 음모론도 등장했다.

최근 과학저널 《네이처》는 미국 내 페이스북 사용자 8,500만 명의 타임라인을 분석해 백신접종과 관련한 소셜 네트워크 지도를 만든 결과, 코로나19 백신 개발과 접종에 반대하는 목소리가 광범위하게 확산되고 있다는 연구결과를 발표했다. 반백신주의자들은 '당신 아이들을 정말로 사랑하는가?' 식으로 감정적 호소를 통해 학부모 모임 등을 공략하면서 빠르게 세를 넓히고 있다고 한다. 소셜 네트워크 분석 결과 백신반대운동은 극우주의자들과 연결돼 있으며 그 연결고리가 점점 가까워지고 있어 우려되는 상황이다.

9) 2021년 2월 17일자 UPI 뉴스 '목수정의 파리통신'에서 제기한 백신 안전성 논란은 과학적 외피를 두른 음모론의 전형이다. 이에 대한 김우재 교수의 반박 칼럼에 대해 목수정 작가의 재반박이 이어지면서 한겨레 편집국의 게이트키핑 논란으로까지 번졌다.

음모론과
지식의
민주화

　　아폴로 달 착륙이 조작되었다는 음모론이 나름 과학적 상식을 근거로 들듯 백신 음모론자들도 과학적 사실들을 그들만의 방식으로 조합하며 합리성의 외피를 두른다. 사회학자 전상진은 음모론이 비합리적이기보다 오히려 '극단적 합리주의'를 추구하여 '과잉 합리성'에 빠져 있다고 말한다.[10] 음모론자는 그 어떤 우연도 허용하지 않고, 모든 우연의 자리에 누군가의 의도가 있다고 의심하는 편집증에 시달린다.

　　하지만 음모론이 언제나 사회에 부정적인 영향

---

10) 전상진, 『음모론의 시대』, 문학과지성사, 2014.

을 미치는 것은 아니다. 전상진의 지적처럼, 2008년 광우병 촛불시위에서는 음모론이 저항의 기폭제가 되기도 했다. 사회학자 조형근은 음모론을 지식의 민주화를 향한 대중의 욕구로 이해하기도 한다. 엘리트의 전유물이었던 지식의 생산과 유통에 개입하고자 하는 대중의 욕망이 음모론에 힘을 불어넣는다는 것이다. 최근 구충제의 항암 효과가 보고되면서 제약업계와 의료계가 그동안 값비싼 항암제를 팔기 위해 사실을 숨겨왔다는 음모론이 등장했지만 설득력을 갖기 힘든 것이, 제약회사 임원이나 연구자, 의사, 그 가족과 친지들도 암에 걸리기 마련이고, 구충제의 효능을 기밀로 유지하기에는 목숨이 위중하고 관련자가 너무 많다는 점을 든다.[11]

음모론이 횡행하는 것을 지식의 민주화 과정에서 나타나는 부작용으로 본다면, 음모론이나 반지성주의를 극복하는 길 역시 지식의 민주화에 있을 것이다. 지식의 힘은 나눌수록 커진다. 서로의 주장을 점검하면서 오류를 바로잡고, 앞선 연구를 딛고 한 걸음

11) 조형근, 음모론과 지식의 민주화 사이, 《한겨레》, 2020. 1. 5.

씩 진리에 다가가는 과학적 접근이야말로 집단지성의 진수를 보여준다. 흥미로운 점은 반지성주의 또한 집단화하는 경향이 있다는 점이다. 유튜브의 알고리즘과 SNS가 이를 강화하고 있다. 이는 인간이 근원적으로 연결된 존재이기 때문일 것이다.

그 자체로 착한 음모론과 나쁜 음모론이 있는 것은 아니지만, 모든 음모론은 결과적으로 사회의 진보 또는 퇴보에 기여하기 마련이다. 지난 칠팔십년대에 한국의 독재 권력이 자신들에 대한 모든 의혹을 음모론으로 몰면서 민주주의를 억압했듯이, 음모론이라는 낙인은 합리적 의심이나 비판을 억누르는 도구로 쓰일 수도 있다. 음모론자들이 흔히 자신들을 진실을 덮고자 하는 세력에 의해 억압받는 자들로 포장하는 것도 이런 배경이 있기 때문이다.

음모론과 반지성주의는 이야기를 먹고 사는 인간 사회가 피할 수 없는 함정인지도 모른다. 인간은 이성적인 동물이지만 동시에 어떤 황당한 이야기도 믿을 만큼 비이성적이기도 하다. 역사적으로 실제보다 허구가 더 큰 힘을 발휘해왔던 것도 이야기에 인간을 결속시키는 힘이 있기 때문일 것이다. 근대에 접

반지성주의

어들어 마녀재판이 횡행하고 유대인 학살이 일어났던 것도 이야기의 파괴적인 힘을 보여준다.

음모론이 지식의 민주화와 관련있다는 말은, 지식권력에 치이던 대중이 안티권력을 만들어내는 과정에서 음모론이 만들어진다는 뜻일 것이다. 음모론으로 대중들을 현혹시키는 얼치기 지식인들도 없지 않지만, 대중의 반지성주의는 잘난 척하는 엘리트들을 향해 가운뎃손가락을 치켜드는 몸짓으로 볼 수 있다. 미국의 보수 기독교인들이 지구평면설을 주장하는 것은 지구가 둥글다는 사실을 몰라서가 아니라 지식권력에 어깃장을 놓고 싶기 때문이 아닐까? 귀족들이 목에 힘주는 유럽 사회를 박차고 신대륙에서 새로운 사회를 만들어간 이들에게 지식인들은 지적 귀족계급으로 비치기도 했을 것이다.

평등에 대한 기대치가 높은 사회일수록 반지성주의가 득세할 가능성이 높다. 미국과 한국 사회는 이 점에서 닮았다. 유럽 귀족사회에 대한 반발이 미국의 반지성주의 흐름을 낳았다면, 양반과 사대부들이 잘난 척하는 꼴을 보며 오랫동안 기죽어 살아야 했던 민중들의 반감이 오늘날 우리 사회에 횡행하는 반지성주의로 터져 나오고 있는 건지도 모른다. 21세기 신진 사대부라 할 수 있는 대졸 '86세대'의 잘난 척에 대항하여 생겨난 것이 고졸 '태극기부대'라고 볼 수 있다. 스마트폰과 SNS라는 신무기를 손에 쥔 대중은 더 이상 훈화 말씀을 들으며 묵묵히 서 있지 않는다.

　　한편 요즘 젊은 남자들은 잘난 기성세대에 치이고 또 똑똑한 여성들에게 치이면서 반동적으로 지성을 혐오하는 양상을 보인다. 그들의 혐오 발언을 비판하기라도 하면 당장 '선비질한다'는 경멸적 언사를 듣게 된다. 약자를 차별하는 행위에 진지하게 문제를 제기하는 사람은 '진지충'이 되고 만다. 사르트르는 『지식인을 위한 변명』에서 지식인을 '자신과 무관한 일에 쓸데없이 참견하는 사람, 보편성에서 배제되는 이들을 대변하는 사람'이라고 말한다. 일베식 표현대로라면 '선비질하는 사람'이라는 말이다.

　　지식인을 경멸하는 현상은 무지의 소산이 아니다. 반지성주의가 안티 권력을 생산해내는 기제라는 관점에서 보면 반지성주의는 계몽으로 물리칠 수 없다. 오히려 계몽주의가 반지성주의를 강화하기도 한다. 배트맨이 펭귄맨에게 힘을 실어주는 것처럼. 조커가 배트맨 못지않은 팬덤을 형성하는 것과 반지성주의가 횡행하는 것은 다르지 않은 현상일 것이다. 히어로와 빌런의 팽팽한 권력 구도 속에서 반지성주의를 바라볼 때 해결의 실마리를 잡을 수 있지 않을까. 지성도 폭주할 가능성을 안고 있다는 사실을 감안한다면 반지성주의의 긍정적인 역할도 인정할 수 있을 것이다.

우리는
모두
연결되어
있다

코로나 팬데믹을 극복하기 위해 인류가 머리를 맞대고 힘을 모으고 있다. 유례없이 빠른 기간 안에 백신과 치료제를 개발해내고, 잘사는 나라들이 기금을 모아 가난한 나라에도 백신을 공급하는 코백스(COVAX) 프로젝트가 추진되는 것도 지구촌의 새로운 모습이다. 자국우선주의에서 벗어나기는 쉽지 않겠지만, 이웃의 위기를 방치하면 그 위기가 곧 자신에게도 향할 수 있음을 코로나 팬데믹은 가르쳐준다.

재난이 닥쳤을 때는 함께 협력하는 것이 무엇보다 중요하다는 것을 인류는 오랜 경험으로 알고 있다. 개인 차원에서도 소통과 연대의 역량이 생존가능성을 높인다. 고립은 경제적 면에서 생존력을 떨어트리지만 정서적인 면에서도 우울증 등으로 면역력을 떨어트려 생존 가능성을 줄인다. 사회적 거리두기가 필요한 시기이지만, 다른 한편으로 소통과 연대의 필요성이 더욱 부각되는 시대다. 삶의 어느 모퉁이에서 실족하려 할 때 붙들어줄 수 있는 친구나 동료가 있으면 웬만한 바람에도 쓰러지지 않을 수 있다.

눈에 보이지 않는 코로나 바이러스로 인해 인류가 모두 연결되어 있음을 시시각각 확인하고 있다. 지성 역시 그럴 것이다. 학문 영역처럼 집단지성이 발휘되는 경우만 그런 것이 아니라, 보통 사람들의 지성도 끊임없이 서로 영향을 주고받으면서 작동한다. 지성을 개인에게 속한 자질이나 능력이 아니라 집단적 차원에서 발동되는 것으로 보는 우치다 타츠루에 의하면, 만약 어떤 사람이 활발하게 지력을 발휘한 탓에 다른 사람들의 지적 능력이 떨어진다면 그 사람은 반지성적인 사람이라고 할 수 있다.[12]

---

12) 우치다 타츠루 엮음, 김경원 옮김, 『반지성주의를 말하다』, 이마, 2016, 14-18 pp.

반지성주의를 무기로 자신의 지력을 발휘하는 사람들이 어떻게 다른 사람들의 지적 능력을 떨어트리는지는 숱한 사이비 종교인들, 음모론자들, 가짜뉴스를 퍼트리는 사람들을 보면 알 수 있다. 그들만의 권력을 생산해내려는 이들의 권력 놀음에 속지 않으려면 기본적인 지식과 교양을 갖추는 것이 필요하지만, 사회적 소통 능력을 기르는 것이 무엇보다 중요하다. 고립되지 않고 사회적 맥락 속에 존재하는 사람은 맥락이 거세된 정보에 휘둘리지 않을 수 있다. 교육은 그것을 돕는 것이다.

백신괴담,
누가
이익을 얻는가

MMR
백신과
코로나19

코로나19는 호흡기를 통해 감염되는 질환이다. 마찬가지로 호흡기 질환의 일종인 홍역·볼거리·풍진을 예방하는 MMR 백신이 코로나19를 예방하는 데도 효과가 있다는 연구결과가 있다. 영국 캠브리지대학 연구소는 코로나19 바이러스 돌기의 염기서열이 홍역·볼거리·풍진 바이러스와 비슷하며 그중 풍진과 가장 가까워 두 바이러스간 교차 항체반응을 기대할 수 있다고 발표했다. 세계 최고 수준의 종합병원인 미국의 메이오 클리닉(Mayo Clinic)도 "MMR 백신 접종을 받은 사람에게 코로나19 감염이 적은 것으로 나타났다"는 보고서를 내놓았다.

2020년 3월 미국의 항공모함 루스벨트호 승조원 5천여 명 중 27%가 확진됐지만 그 중 입원이 필요한 중증 환자는 1.7%였고 사망자는 1명이었다. 같은 연령대의 미국인 환자 입원률(21%)과 사망률에 비해 훨씬 낮았는데, 조사 결과 모든 승조원들이 입대를 앞두고 MMR 백신을 접종한 것으로 나타났다. 코로나19에 반복적으로 노출되는 의료인 3만 명에게 MMR 백신을 접종하여 코로나19 발병과의 상관관계를 조사하는 제3상 국제임상시험이 빌게이츠재단의 후원으로 진행 중이라고 한다.

2021년 1월 8일 전남대병원 국훈 교수는 코로나19 중증환자 증가로 의료시스템 붕괴가 우려되고 백신과 치료제를 통한 집단면역에는 오랜 시일이 걸리므로, MMR 백신 접종을 고위험군뿐만 아니라 접종 순위가 낮은 건강한 성인에게도 시도해볼 필요가 있다고 제안했다.[13] 이 제안에 대해 정은경 질병관리청장은 공식적으로 시도하기 어렵다고 답했지만, MMR 미접종 아이들에게는 접종을 권하는 멘트를 덧붙였더

---

13) https://jhealthmedia.joins.com/article/article_view.asp?pno=22970

라면 하는 아쉬움이 있다. MMR 백신은 예방 효과가 높고 부작용도 경미하여 지난 40년 동안 안전성을 검증받은 백신이다. (자폐증과의 연관 관계에 대해서는 후술한다.)

아이들이 코로나19에 잘 걸리지 않는 것도 MMR 백신의 영향일지 모른다. 어린아이들은 코로나에 감염되어도 증상이 약하고 쉽게 낫는 편이다. 코로나19 백신 접종이 이루어지기 전에 MMR 백신 미접종 아동들에게 MMR 접종을 받게 하는 것이 아이와 주변 사람들의 건강을 위해 필요한 조치가 될 수 있다. 최근 홍역과 볼거리 환자가 늘고 있는 만큼 설령 코로나19가 아니어도 예방접종을 받는 것이 좋을 것이다.

백신에 대한 불신과 거부감을 갖고 있는 학부모들이 상대적으로 많은 대안학교 학생들의 MMR 접종률은 평균 이하일 가능성이 높다.[14] 2021년 1월 부산 지역의 한 대안학교에서는 5명의 확진자가 발생했다(이 아이들의 MMR 접종 여부는 밝혀지지 않았지만 조사해볼 가치가 있을 것이다). 어린이집이나 학교에서 단체생활을 해야

---

14) 미국 베벌리힐스의 웨스트사이드 발도르프학교의 경우 접종률이 21%에 지나지 않는다고 한다.

하는 아동들은 의료적 문제가 없는 한 예방접종을 의무화하는 것도 검토해볼 필요가 있다. [15]

코로나19 백신의 경우 서둘러 개발하는 과정에서 3상 임상과정을 제대로 거치지 않은 백신이 출시되는 등 안전성이 충분히 검증되지 않은 탓에 불신이 커지고 있지만, 안전성이 검증된 기존 백신까지 불신하는 것은 아이의 건강뿐만 아니라 공동체를 위험에 빠트릴 수 있다.

코로나 백신을 맞으면 DNA가 변형된다, 조종을 당하게 된다 하는 각종 음모론이 횡행하고 있다. 최근 이스라엘에서는 유대교 근본주의자들의 백신 음모론으로 인해 방역에 어려움을 겪기도 했다. 반지성주의에 경도된 지식인들이 대중들을 상대로 권력을 행사하는 기제가 음모론으로 나타나기도 한다. 음모론자들은 자의적으로 취사선택한 사실들에 자신의 상상을 덧입혀 그럴듯한 이론을 만들어낸다. 많은 음모론들이 나름 합리적인 추론과 과학적 논증의 외양을

---

15) 우리나라의 경우 의무접종제도를 시행하고 있지 않지만, 2019년 초등학교 입학생의 98.5%가 2차 접종까지 마친 것으로 나온다.

띠고 있어 과학적 지식이 얕은 대중들은 쉽게 혹한다.

　　　우리 사회에서도 백신에 대한 불안감을 부추기는 이들이 적지 않다. 하지만 코로나19로 사망하는 사람보다 백신으로 인해 사망하는 사람이 절대적으로 적다(코로나19로 인한 사망률은 100명 중 한두 명인데 비해 백신으로 인한 사망률은 10만 명 중 한두 명 꼴이다). 표준화된 백신이 모든 사람들에게 똑같이 작용할 리는 없다. 어떤 백신을 맞고 어떤 결과를 얻을지는 각자의 신체조건과 운에 달려 있기도 하다(여러 종류의 백신을 구비한 나라도 개개인에게 백신 선택권을 인정하지는 않는다). 과학이 보증하는 확률을 믿고 부작용에 대한 검증이 어느 정도 끝난 백신에 대해서는 신뢰하고 접종을 받는 것이 자신과 공동체의 안전을 지키는 길일 것이다.

코로나 팬데믹 이전부터 사스나 메르스 같은 코로나 바이러스로 인한 신종 호흡기 질환이 주기적으로 찾아오고 홍역, 볼거리 같은 전통적인 호흡기 전염병도 세계적으로 다시 유행하기 시작했다. 2019년 2월 세계보건기구(WHO)는 전 세계 홍역 감염자 수가 전년보다 2배 가까이 증가했으며, 이는 보고된 수치일 뿐 실제 감염자는 2백만 명을 넘을 것이라고 보고했다. 특히 유럽의 발병률이 크게 높아져서 전년도보다 3배 이상 증가했다고 발표했다.[16]

아프리카, 유럽, 아시아, 아메리카 모든 지역에서 홍역 환자가 급증하고 있다.[17] 서유럽과 미국에서 홍역 환자가 급증한 것은 주목할 만한 현상이다. 프랑스와 이탈리아에서는 예방접종률이 떨어지면서 환자 수가 늘고 있다. 세계보건기구는 홍역 환자가 늘어나는 원인으로 세계적으로 점점 낮아지는 백신 접종률을 꼽는다. 미국에서는 2019년 9월 이후 4개월 사이에 뉴욕시에서만 3백여 명의 홍역 환자가 발생했으며, 2020년 1월 LA 인근 클라크카운티에서 35명의 홍역 환자가 발생했다. (LA타임스는 그 지역 유치원생의 76.5%만 홍역 백신을 맞았다고 전했다.)

　서유럽과 미국에서 홍역이 다시 유행하는 데는 광범위하게 퍼진 '백신 괴담'이 적지 않은 영향을 미쳤다고 과학 전문지 《파퓰러사이언스》는 분석한다. MMR이 자폐증을 일으킬 수 있다는 소문이 퍼지면서 백신을 맞히지 않는 부모가 많아졌다는 것이다. 세계

16) 여기에는 우크라이나의 발생 건수가 약 5만3천 건으로 전년보다 9배 이상 증가한 게 큰 영향을 끼쳤다. 2008년 95% 수준이던 예방 접종률이 러시아와의 분쟁으로 백신 공급이 어려워진 2016년에는 31%까지 떨어진 게 주원인으로 분석된다.

17) 한국은 2006년 공식적으로 홍역 퇴치 국가로 인정받았는데, 2019년 1월에만 30명의 홍역 환자가 발생했다. 2018년 15명에서 2019년에는 193명으로 급증했는데, 이는 해외유입 환자로 인한 것으로 분석된다.

보건기구는 백신이 예방 효과를 내려면 접종률이 95% 이상 되어야 하며, 그 이하로 떨어질 경우 전염병이 유행할 수 있다고 경고한다.

　　백신 접종률이 떨어지는 원인은 두 가지다. 우크라이나, 마다가스카르[18]처럼 백신을 구하기 어려워 빈곤층이 위험에 노출되는 경우와 서유럽과 미국처럼 부유층 위주로 스스로 백신을 거부하는 경우다. 최근 한국에서도 자연주의 육아를 표방한 '안아키(약 안 쓰고 아이 키우기)'와 '안예모(안전한 예방접종을 위한 모임)' 온라인 카페를 통해 백신 거부 바람이 불었다.[19] 안아키나 안예모는 엄마들의 불안 심리와 좋은 엄마 콤플렉스를 부추기면서 단순히 백신을 거부하는 데 그치지 않고 의학적으로 검증되지 않은 각종 대체요법을 따르도록

18) 세계보건기구에 따르면 마다가스카르에서는 2018년 10월부터 2019년 3월까지 어린이와 청소년 922명이 홍역으로 사망했다. 백신이 제대로 보급되지 않고(2017년 접종률 58%), 관광객이 늘면서 바이러스가 퍼진 것으로 분석된다. 홍역 백신이 국가 예방접종 프로그램에 포함되지 않아 빈곤층은 접종하기 어려운 데다 영양실조에 걸린 아이들이 많아 확산이 더 빨랐다.

19) 아동학대 논란까지 불러일으킨 안아키 카페는 2017년 5월 초 대한한의사협회 요청으로 폐쇄됐다. 운영자였던 한의사 A씨는 항소심에서 징역 2년 6개월에 집행유예 3년, 벌금 3천만 원을 선고받았다.

부추겨 사회문제가 되었다.

우리나라의 경우 현재 국가가 비용을 부담하는 예방백신은 17종으로(자세한 내용은 질병관리청 사이트 참조), 웬만한 질병은 예방이 가능한 시스템을 갖추고 있다. 하지만 의무접종제도는 실시하지 않고 있다. 초등학교 입학 시 '감염병의 예방 및 관리에 관한 법률'과 '학교보건법'에 따라 MMR, DTaP, 폴리오, 일본뇌염에 한해 예방접종 여부를 확인하는데, 접종을 받지 않았더라도 취학에 제한은 없다.

MMR 백신 접종을 한다고 해서 100% 예방이 되는 것은 아니다. 홍역 백신은 12~15개월 때 한 차례, 4~6살에 한 번 더 접종하도록 권장된다. 1회 접종만으로도 93%, 2회 접종하면 거의 100% 예방할 수 있는 것으로 입증되고 있다. 볼거리는 예방접종을 받아도 청소년기에 걸릴 수 있는데, 최근 십대 환자가 급증하고 있다고 한다. 볼거리는 청력 손실, 뇌염으로 발전할 수 있고 여성의 경우 난소염의 원인이 되기도 한다. 남성의 경우 볼거리 환자의 20~30%가 고환염에 감염되는데, 예방접종자의 감염률은 비접종자에 비해 훨씬 낮게 보고되고 있다.

방자 성 퍼염수

MMR 백신이 자폐증의 원인이 될 수 있다는 '괴담'의 진원지는 1998년 영국의 내과의사 앤드루 웨이크필드 박사가 발표한 논문이다. MMR 백신이 자폐증을 일으킬 수 있다고 조작된 연구 결과가 세계적인 의학 학술지 《랜싯》에 발표된 뒤 백신 괴담이 확산되면서 접종률이 떨어지기 시작했다. 영국에서는 1996년 92%이던 접종률이 2003년에는 61%로 대폭 감소하면서 홍역이 대유행했다.

2004년 2월 영국 《선데이 타임스》는 탐사 보도를 통해, 웨이크필드 논문이 혼합 백신 부작용 집단 소송을 위해 만들어진 가짜 논문이며, 백신의 부작용을 주장하면서 홍역 단독 진단 키트를 개발해 막대한 수익을 거두려 했다는 사실을 폭로했다. 2008년 영국 일반의학위원회는 2년 반에 걸친 조사 끝에 웨이크필드가 환자들의 발병 시기와 백신 접종 시기를 조작했음을 밝혀냈다. 2010년 웨이크필드의 의사 면허가 박탈되고, 《랜싯》은 해당 논문을 전면 취소했다. 그 후 5년에 걸쳐 10만여 명의 아이들을 대상으로 역학조사를 벌인 결과 예방접종과 자폐증은 관련이 없다는 결론이 내려졌으며 오히려 접종한 아이들에게서 자폐증 비율이 더 낮게 나왔다.

하지만 괴담이 온라인을 타고 전 세계로 확산되면서, 미국에서는 개인인권센터 같은 단체가 만들어져 조직적으로 백신반대운동이 벌어지기에 이르렀다. 2007년 할리우드 여배우 제니 매카시가 아들이 MMR 백신을 맞은 뒤 자폐증에 걸렸다고 주장하면서 백신반대운동의 아이콘처럼 떠오르기도 했다. 전문가들은 아이에게 자폐증이 발견되는 시기가 백신 접종 시기와 겹치면서 MMR 백신이 자폐증과 관련 있다는 의혹을 굳히게 만들었다고 분석한다. 까마귀 날자 배떨어지는 격이다. 여기에는 자폐증의 원인을 외부에서 찾고 싶어 하는 부모들의 심리도 적지 않게 작용했을 것이다.

미 공중보건국에 따르면 접종을 거부하는 부모 10명 중 6명은 자폐증에 대한 걱정 때문에 접종을 미뤘다고 답했다. 이들은 "다른 아이들의 안전을 위해 내 아이의 안전을 희생할 수 없고, 이는 도덕적으로 비난받을 일이 아니다"라고 주장한다.

백신 괴담과 음모론이 확산되는 데는 포퓰리스트 정치인들도 한몫 했다. 도널드 트럼프도 대통령이 되기 전 2014년부터 백신이 자폐증을 일으킨다는 내용의 트윗을 여러 차례 올림으로써 이 음모론의 확산에 기여했다. 워싱턴포스트지는 2017년 당시 트럼프 대통령이 백신 회의론자를 백신안전위원장으로 임명하면서 백신반대운동이 미 전역으로 퍼지고 있다고 보도했다. 이는 2020년 미국에서 코로나19가 대유행을 한 것과도 무관하지 않을 것이다.

이탈리아에서는 10가지 백신 접종 의무화 법률의 폐지를 공약으로 내건 연립정부가 총선에서 승리한 뒤 2017년 8월부터 공립학교 입학 시 예방접종 증명서 제출 의무를 유예하자 국립보건원장이 이에 반발해 사퇴하는 일까지 벌어졌다. 2018년 이탈리아의 홍역 환자는 전년도에 비해 6배나 늘었다. 예방접종을 의무화하는 '로레진 법' 도입을 격렬하게 반대했던 이탈리아 극우정당 '동맹'의 대표 마시밀리아노 페드리가가 2019년에 수두에 걸려 입원했다는 사실이 알려지자 많은 사람들이 "축하한다"는 메시지를 SNS에 올리기도 했다. 이탈리아에서 예방접종 문제는 현재도 여전히 뜨거운 감자다. 프랑스 극우 정당 국민연합의 마린 르펜 대표도 백신 접종 의무화를 반대한다.

이탈리아와 프랑스의 2018년 홍역 환자 수는 각각 2,900, 2,500여 명으로 서유럽 국가들 중 상위권이다. 이는 부유층이 사는 이탈리아 북부 지역에서 코로나19가 확산된 것과도 무관하지 않아 보인다. 공동체의 안전보다 개인의 권리와 안전을 더 중요하게 여기는 우파들이 백신 거부에 더 적극적인 것은 그들에게는 스스로의 안전을 지킬 힘이 있기 때문일 것이다. 하지만 그들로 인해 다른 아이들이 위험에 노출되는 것까지 그들이 책임지지는 못한다. 그리고 전염병의 확산이 일정 수준을 넘어서면 그들도 결코 안전할 수 없을 것이다.

집단면역을
둘러싼
논란

    미국은 백신반대운동이 가장 활발한 국가다. 캘리포니아를 비롯해 접종 선택권을 인정하는 주에서는 접종률이 점점 떨어지면서 홍역 발병률이 증가하는 추세다. 텍사스 주의 경우 백신 선택권과 보수적·자유주의적 가치가 맞물려 의무접종법 개정을 위한 조직적 움직임이 일어나고 있기도 하다. 텍사스주는 홈스쿨링에 가장 관대한 주이기도 하다. 홈스쿨링을 선택한 가정이 교육기관에 등록할 필요도 없고 표준화된 시험을 보지 않아도 된다.

    미국은 공동체보다 개인의 권리를 더 중요시하는 독특한 사회다. 신대류에 이주하여 각자도생해야 했던 역사적 뿌리에서 비롯된 경향이기도 할 것이다. 개인의 권리를 지키기 위해 정부를 수립한다고 천명한 미국 독립선언문은 개인의 생명, 자유, 행복권의 추구가 국가 전체의 공익보다 우선하는 입장을 대변한다.[20] 구대륙의 홉스나 로크가 개인의 자연권 제한을 역설한 반면, 신대륙의 제퍼슨은 공권력의 제한을 역설한 셈이다. 끊임없이 일어나는 총기 난사 사건에도 불구하고 총기 규제가 안 되는 이유도 여기 있을 것이다. 홈스쿨링이 미국에서 가장 활발한 배경 또한 이와 무관하지 않아 보인다.

　　하지만 공동체의 안전을 먼저 생각하는 사람이라면 전염병의 위험에 대비하기 위해 예방접종을 의무화하고, 더 안전한 백신을 개발하는 데 예산을 배정하고, 의료기술을 개선하는 데 힘쓸 것이다. 사회적 약자가 위험에 처하지 않게 정책을 입안하는 것이 공동체를 염려하고 책임지는 사람의 자세다. 부모들 역시 내 아이만 생각하면 백신을 거부하는 것이 옳은 선

---

20) 우치다 타츠루는 이러한 관점이 미국이 근대국가로서 극적으로 성공한 원인이자 동시에 몰락의 원인이 될 거라고 예측한다.(『소통하는 신체』194쪽)

택일 수도 있지만, 아이가 어린이집과 학교를 다녀야한다면 집단면역에 동참하는 것이 올바른 선택일 것이다.

개인의 관점과 공동체의 관점이 다르다. 공동체의 이익과 개인의 이익이 충돌할 때, 공동체는 개인의 관점에서, 개인은 공동체의 관점에서 한 번 더 생각해보는 것이 필요하다. 성숙한 시민들이 있는 민주적인 공동체라면 그 조정이 어렵지 않을 것이다. 만 명에 한 명 비율이라도 백신의 부작용이 우려된다면 아이의 컨디션이 좋을 때를 택해 접종할 수도 있고, 어린이집을 다닐 나이가 되었을 즈음 접종을 하는 것도 방법이다.

"우리 아이는 예방접종 안 받고도 별 탈 없이 잘 자랐다"고 말하는 이들이 있지만, 그것은 주변 사람들이 모두 예방접종을 받았기 때문이다. 집단면역효과를 본 것이다. 접종률이 92% 이하로 떨어지면 홍역처럼 전염성이 강한 질병의 경우 비접종 영유아부터 위험해질 수 있다. 실제로 2020년 3월 백신을 거부하는 뉴욕의 정통파 유대교 공동체에서 34명의 영유아 홍역 환자가 발생한 것이 이를 말해준다. 뉴욕시장은 그해 4월 공공보건 비상사태를 선포하고 홍역이 유행하는 지역에 강제접종 명령을 내렸다.

집단면역이 이루어지지 않을 경우 예방접종 전 12개월 미만의 영아나 의료적 이유로 접종을 받을 수 없는 소아 환자, 백신 알레르기 환자들이 전염병에 감염될 가능성이 높아진다. 2019년에 미국에서는 4개월 신생아가 홍역에 걸려 경각심을 불러일으켰다. 홍역은 사망에 이를 수 있는 위험한 전염병이며, 합병증으로 폐렴과 뇌손상, 청력 상실이 따를 수도 있다. 자신뿐 아니라 피치 못할 이유로 면역력을 갖추지 못한 주변 사람들을 보호하기 위해 집단면역이 필요하다는 것이 예방접종의 취지다.

누가
이익을
얻는가

　　백신을 거부하는 것이 공동체 관점에서 바람직한 선택은 아닐지라도 좀더 안전한 백신접종에 기여하는 바가 없진 않을 것이다. 모두가 예방접종을 한다고 해서 아무 생각 없이 따르거나, 권위 있는 전문가의 말을 그대로 따르는 것이 아니라 자신의 생명과 권리를 스스로 지키는 마음가짐은 필요하다. 권위에 복종하는 것도 습관이 된다. 백신을 거부하는 이들이라면 인민사원 신도들처럼 교주의 말 한마디에 순순히 아이에게 독극물을 먹이는 어리석은 부모는 되지 않을 것이다.[21)]

　　알바니프리스쿨의 재미있는 규칙 중 하나는 리

더의 잘못된 결정이 드러났을 때 거기에 말없이 따른 사람들이 오히려 리더에게 벌금을 내게 하는 것이다. 한번은 산길을 가는데 앞장 선 아이가 번번이 길을 잘못 인도하는 바람에 머쓱하게도 벌금을 상당히 벌었다는 일화가 있다.[22] 지도자의 결정에 무턱대고 따르는 것이 자신에게 결코 이익이 되지 않는다는 것을 깨닫게 하는 효과가 있는 규칙이다. 권위에 주눅 들지 않고 자기 내면의 목소리에 귀를 기울이는 힘을 길러주는 교육이 필요하다.

하지만 권위에 대한 의심이 모든 권위의 부정으로 이어지는 것은 권위에 맹종하는 것만큼이나 위험하다. 현대의학의 권위는 하루아침에 만들어진 것이 아니다. 어떠한 약이나 시술도 부작용이 없을 수는 없는 만큼, 사소한 부작용을 침소봉대하여 마치 현대 의료 전체에 문제가 있는 것처럼 호도하는 것은 경계

---

21) 미국의 사회주의 계열 목사 짐 존스가 창시한 종교단체인 인민사원이 1978년 11월 18일 가나의 존스타운에서 벌인 집단자살 사건으로, 어른과 아이들 918명이 죽었다.

22) 크리스 메르코글리아노, 『두려움과 배움은 함께 춤출 수 없다』, '치료의 학교' 가운데.

할 일이다. 현대의학의 치료법들은 세계적 검증 시스템 안에서 매우 치밀한 검증절차를 거치고 있어, 이른바 대체의학이 권하는 '좋다더라 요법'들의 안전성과 견줄 바가 아니다.

현대과학과 지식의 권위를 의심하는 이들이 빠지기 쉬운 함정이 음모론이다. 종교적 신념이나 자연요법에 대한 믿음에 근거한 음모론도 있고, 국가주도의 의료 시스템에 대한 불신과 의심에서 비롯되는 음모론도 있다. 백신 제약회사의 로비로 의무접종이 이루어지고 있다는 음모론이 놓치고 있는 것은 저렴한 백신을 보급하는 것보다 전염병이 유행한 뒤에 값비싼 치료제를 파는 것이 제약회사 입장에서 훨씬 이익이라는 사실이다. 코로나 백신이 DNA를 변형시킨다거나 자석인간을 만든다는 음모론은 반지성주의의 전형이다.

음모론이 제기될 때 '그래서 누가 이익을 얻는가'라는 시각이 사태를 객관적으로 보는 데 도움이 된다. 백신 의무화로 가장 이익을 보는 것은 질병의 위험에서 벗어나는 아이들이다. 백신 제약회사도 이익을 보겠지만, 진짜 음모를 꾸민다면 전염병이 횡행하게 한 다음 치료제를 팔 것이다. 제약회사의 로비를 의심하기보다 오히려 백신 거부운동이 누구에게 이익이 되는지를 살필 일이다. 반백신주의자들이 활동하는 페이스북에는 "고용량 비타민A나 C가 코로나 백신의 대안이 된다"는 주장이 퍼지기도 했는데, 영국 매체《가디언》은 그 주장을 퍼트린 사람 중 한 명이 미국에서 고용량 비타민C 온라인 사업자임을 밝혀냈다.

천연두 백신을 접종하기 시작한 이래 지난 2세기에 걸쳐 백신의 효용이 부작용보다 훨씬 크다는 것이 입증되었다. 인류가 그동안 함께 노력해 이루어온 성과에 대한 존중과 신뢰가 필요하다. 의학처럼 일반인들이 알기 어려운 전문 분야에서 권위가 곧 진실을 보증하지는 않지만, 모든 권위를 의심하고 검증하는 일은 개개인의 힘으로는 무리다. 조작된 지식과 진짜 지식을 구별하는 것은 집단지성의 힘으로 풀어야 할 것이다. MMR 백신을 둘러싼 지난 20여 년의 논란은 인류의 지성이 퇴보하지 않는다는 사실을 보여준다.

먹거리를 둘러싼 논란들

먹거리와
반지성주의

먹거리는 많은 사람들의 주요 관심사다. '먹고 사니즘'이란 조어가 있듯이, 먹고사는 문제야말로 삶의 본질적인 부분이기 때문일 것이다. 먹방이 대세가 되는 것도 먹고살 만해진 사회에서 공통적으로 나타나는 현상이다. 음식이 풍요로워지면서 건강을 생각하는 사람들이 부쩍 늘어나고 따라서 먹거리에 대한 관심도 점점 커지고 있다. 먹거리는 환경문제와도 밀접하게 연관되어 있어 이른바 진보를 표방하는 시민단체나 개인들에게는 더욱 예민한 관심사다.

오래 전부터 찬반 양론이 뜨겁게 이어지고 있는 먹거리들이 있다. 대표적인 것이 화학조미료로 알려진 MSG와 유전자 조작 농산물로 만든 GMO식품이다. 대중들뿐만 아니라 전문가를 자처하는 지식인들도 논쟁에 뛰어들어 상황을 종잡을 수 없게 만드는 바람에 보통사람들은 정확히는 모르지만 뭔가 꺼림직한 느낌을 갖게 되면서 저도 모르게 그것을 피하게 된다. 건강을 염려하는 대중들에게 약간의 과학적 사실이 가미된 그럴듯한 이야기를 들려줌으로써 전문가 행세를 하는 이들이 적지 않다.

공중파에서 방영된 〈먹거리 X파일〉은 건강 염려증에 사로잡힌 대중들에게 어필하는 소재로 꽤 오랫동안 인기를 끌었다. 하지만 대중의 공포심을 자극하면서 제대로 확인하지 않은 사실을 근거로 과도하게 비판하거나 MSG에 대한 자의적인 프레임으로 착한 식당과 나쁜 식당을 나누는 식의 보도 방식에 대해 문제제기가 이어졌다. '대왕 카스테라' 사건처럼 편견에 근거한 왜곡 보도로 수많은 업체들이 도산하는 사태가 벌어지면서 결국 5년 만에 종영하기에 이르렀다.[23]

먹거리에 대해서는 사실상 전문가가 따로 없는 것이 현실이다. 음식을 많이 먹어본 사람, 음식을 만드는 사람, 음식과 관련된 일을 하는 모든 사람들이 전문가를 자처한다. 때문에 먹거리를 둘러싼 논란은 쉽게 가라앉지 않고 끝없이 재생되는 특징이 있다. MSG를 둘러싼 논쟁은 반세기 넘게 이어지고 있고, GMO 식품은 비교적 최근에 등장한 논쟁거리다. 정제염과 천일염 논쟁도 그중 하나다. 이 논쟁들은 어떤 점에서는 과학과 유사과학의 소모적인 논쟁이기도 하다.

먹거리 포비아는 대중들의 무지와 편견에 기생하여 자란다. 대표적인 패스트푸드인 햄버거가 좋지 않은 음식이라는 대중의 인식을 부풀리는 식으로 공포를 조장하여 시청률 올리기에 급급한 방송계의 반지성주의는 오래된 관행이기도 하다. 햄버거에 들어가는 식품첨가물이 32가지나 된다면서 일반인들에게 낯선 첨가물 이름을 켜켜이 쌓아올린 화면을 보여주는 것은 얄팍한 지식으로 대중의 판단을 흐리는 행위

---

23) 카스테라 업체들의 영업 방식에도 문제가 있었다. 대만 카스테라와 똑같은 레시피임에도 가격을 5~10배 가까이 올려 폭리를 취한 것이 드러나면서 소비자들이 외면하게 된 측면도 크다. 프랜차이즈 업계의 한탕주의로 후발주자들이 덤터기를 쓴 대표적인 사례이기도 하다.

일 따름이다. [24] 하지만 그것이 통하는 것이 현실이기도 하다.

반지성주의가 먹거리를 둘러싸고 횡행하는 까닭은 너도나도 전문가를 자처하기 때문이지만, 먹거리가 대중들에게 가장 친숙한 소재이기 때문이기도 하다. 반지성주의의 본질이 권력행사라는 점을 감안할 때, 대중들에게 손쉽게 권력행사를 할 수 있다는 점에서 먹거리가 어떤 지식인들에게는 좋은 먹잇감으로 비치는 것이리라. 방송이 마구잡이로 휘두른 칼날에 수많은 업체들이 도산한 사례는 반지성주의에 경도된 지식인 갑질의 대표적인 예일 것이다.

음식에 가장 많이 쓰이는 조미료인 MSG와 소금은 오랫동안 논란이 계속되어온 대표적인 식품들이다. 유전자조작식품(GMO)은 비교적 최근에 등장한 이슈다. 필자 또한 오랫동안 MSG에 대한 편견에 사로잡혀 있었고 죽염을 애용했던 사람으로서 뒤늦게 진실

---

24) 〈먹거리 X파일〉 '햄버거의 불편한 진실' 편에 방영된 장면이다. 거기에 열거된 첨가물들은 사실 아무런 문제가 없는 것들이었다. 이를테면 아스코르빈산은 비타민C의 본래 명칭인데 일반인들에게 친숙하지 않은 이름이다 보니 뭔가 이상한 첨가물인 듯한 인상을 준다.

을 알고 싶은 소박한 바람을 안고 사실에 접근하고자
노력했다. 인터넷에는 일반인들도 관심을 갖고 사실
확인 노력을 조금만 기울이면 진실을 알 수 있는 정보
들이 공개되어 있다. MSG와 천일염을 둘러싼 논란은
이미 정리가 된 상태다. GMO는 아직 '뜨거운 감자'이
지만 균형잡힌 시각을 갖기에 충분한 정보들이 있다.
공포심을 조장하는 정보에 휘둘리지 않으려면 약간의
공부가 필요하다.

MSG, 억울한 누명을 벗기까지

소금이 인류가 찾아낸 가장 오래된 조미료라면, MSG는 비교적 최근에 발견한 조미료다. 물론 이전에도 다시마나 고기 육수 등 감칠맛을 내는 방법은 다양했지만, MSG는 그 맛을 일정하게 보장하는 조미료로 음식맛을 표준화시킨 근대적 발명품이라고 할 수 있다. 한국 전통 요리에는 국물 음식이 많아 간장이나 된장 등 조미료의 역할이 더 중요하다 보니 MSG 소비가 폭발적으로 늘어났다.[25]

---

25) 일본에서 아지노모토의 기술을 배워 와 한국에서 처음 생산된 MSG 상품이 미원(味元)이다. 상호와 포장이 표절에 가깝게 비슷하다.

그래도 MSG의 역사는 백 년이 넘는다. 20세기 초 다시마 국물의 풍미를 연구하던 일본의 화학자 이케다 기쿠나에(池田菊苗)가 최초로 발명한 것을 한 기업이 대량생산에 성공해 1909년 아지노모토(味の素. 맛의 근원이란 뜻)라는 상표로 세상에 내놓았다. 처음에는 다시마로, 이후에는 밀가루나 콩의 글루텐을 산분해하여 생산하다가, 현재는 사탕수수에서 설탕을 추출한 뒤 남은 당밀액을 발효시켜 만든다. 생산과정으로 보면 요구르트와 비슷해 사실상 '화학 조미료'가 아니라 '발효 조미료'라는 이름이 더 맞을 것이다.[26]

글루탐산나트륨의 영어 약자 MSG의 본명은 'Mono Sodium Glutamate'이다. 글루탐산에 나트륨 이온 하나가 붙은 물질이다. 나트륨 이온이 감칠맛을 내는 글루탐산의 용해도를 높여 적은 양으로도 감칠맛을 낸다. 글루탐산은 인체에 없어서는 안 되는 20가지 아미노산 중 하나로, 뇌신경계에서 시냅스 사이에 정보를 전달하는 중요한 신경전달물질이기도 하다.

---

26) 2014년부터 미원 제품 명칭을 '발효미원'으로 바꾼 것도 이 때문일 것이다.

2018년 일본 돗토리대학 연구에 따르면 MSG를 매일 먹는 치매환자가 안 먹는 환자보다 기억력이 향상되었다고 한다.

　　MSG가 처음 개발된 20세기 초엽만 해도 '화학'이라는 단어가 첨단을 뜻하는 말이어서 상품을 돋보이게 하려는 의도로 화학조미료라고 홍보한 덕분에 'MSG=화학조미료'라는 인식이 퍼졌지만, 사실 MSG는 인공적으로 합성한 조미료가 아니라 간장과 마찬가지로 발효 조미료다. 글루탐산나트륨은 동식물에 자연적으로 존재하는 물질이고, 미생물의 대사물에서 추출해 만든 것이 MSG이므로 2014년부터 화학적 식품첨가물이 아닌 일반 식품첨가물로 기준이 변경되었다.

　　MSG에 대한 부정적인 인식이 확산된 것은 오랜 세월에 걸쳐 음모론에 가까운 비과학적인 연구(?)와 포퓰리즘적 방송, 기회주의적 상술이 가세한 결과다. 쥐에게 피하주사로 MSG를 투여하자 장기부전에 걸렸다는 식의 연구가 과학적 연구로 소개되었다. 이 논리대로라면 생리식염수보다 진한 소금물이나 생수를 피하주사해도 죽음에 이를 수 있으니 소금이나 생수도 인체에 유해한 물질이 되는 셈이다.

1960년대 미국의 대중매체에서 MSG 유해성 논란이 일어났고, 20여 년 뒤 한국에서도 유사한 일이 벌어졌다. 두통, 소화불량, 비만 심지어 아토피에 이르기까지 MSG가 마치 만병의 근원인 양 비판이 쏟아지면서, 미원을 쓰는 주부는 가족의 건강을 생각하지 않는 주부로 여겨질 정도였다. 채널A가 5년에 걸쳐 방영한 〈먹거리 X파일〉은 MSG에 대한 불신을 퍼트리는 데 상당한 기여를 한 방송이다.

MSG 포비아가 확산될 무렵 한 라면업체가 'MSG 무첨가' 라면을 광고하면서 모든 업체들이 덩달아 MSG 대신 다른 천연 첨가물을 넣기 시작했고, 이 때문에 라면값만 껑충 뛰어오르는 결과를 낳았다. 라면업체들이 MSG 대신 소금을 더 넣거나 안전성이 떨어지는 다른 조미료를 써서 오히려 건강에 더 해로운 음식이 된 셈이다. 같은 라면도 미국 수출용 제품에는 MSG를 사용하는데, 이유는 대체 조미료가 식품의약국(FDA) 규제 대상이어서 쓸 수 없기 때문이다. FDA와 세계보건기구(WHO)는 MSG를 섭취 허용량을 정할 필요조차 없는 안전한 식품첨가물로 규정하고 있다.

'MSG 무첨가'를 표방하는 식품 상당수에는 진

짜 화학 조미료인 HVP(식물성 가수분해 단백질)가 들어 있다. HVP는 콩과 밀, 옥수수 등을 염산으로 가수분해해 얻는 '화학' 조미료로, 가수분해 때 발암 가능 물질이 발생할 수 있다. 더욱이 HVP는 MSG와 달리 인체 영향에 대한 연구도 끝나지 않은 상태다. 안전한 MSG를 유해하다고 믿는 바람에 오히려 진짜 화학물질을 먹고 있으니, MSG 사용 캠페인이라도 벌여야 할 판이다. 식약처는 2015년 7월부터 식품 포장이나 광고에 'MSG 무첨가' 문구 사용을 금지했다.

MSG에는 나트륨이 포함되어 있어 다량 섭취하면 나트륨 과다 위험이 있긴 하지만, 나트륨 비율이 소금(염화나트륨)의 약 1/3정도여서 오히려 미국 국립식품연구원이나 영양사협회에서는 나트륨 섭취량을 줄이기 위해 MSG 사용을 권고한다. 성인병 환자들에게 MSG를 가지고 다니면서 소금 대신 음식에 넣어 간을 맞추라고 권하는 의사들도 있다. 잘못된 상식이 건강을 해치는 일은 비일비재하지만, MSG 만큼 오랜 세월 오해 속에 논란이 된 식품도 드물 것이다. 지금까지 검증된 바로는 다른 합성 조미료보다 순수한 MSG를 쓰는 것이 가장 안전한 조리법인 셈이다.

소금을 둘러싼 오해와 진실

글루탐산나트륨은 없어도 사람이 살 수 있지만 나트륨은 반드시 섭취해야만 하는 물질이다. 저염식이 건강식이라는 인식이 퍼지면서 싱겁게 먹는 이들이 많지만 나트륨은 인체에 꼭 필요한 전해질로, 부족하면 여러 가지 이상 증세가 나타난다. 성인병 환자가 아닌 사람에게는 지나친 저염식이 오히려 더 위험하다고 말하는 의사들도 있다. 산양들은 암염을 핥아 먹기 위해 목숨을 걸고 깎아지른 벼랑을 타기도 한다. 생명체에 없어서는 안 되는 물질들은 다행히 지구상에 넉넉히 갖추어져 있다. 바닷물에 무한정 녹아 있는 소금이 옛날에는 화폐를 대신할 정도로 귀한 물건이

방지성 주의

기도 했다.

우리나라의 전통적인 소금 제조법은 바닷물을 끓여서(煮) 만드는 것이다. 이를 자염(煮鹽) 또는 전오염(煎熬鹽)이라 하는데, 나트륨이 3% 정도 포함된 바닷물은 민물보다 끓는점이 높고 생산량도 얼마 되지 않아 제조단가가 상당히 높았다. 바닷물을 갯벌에서 자연 건조시켜 만드는 천일염은 대만식 제조법으로 일본을 거쳐 20세기 초에 국내에 들어왔는데, 자염에 비해 제조단가가 낮아 빠르게 확산되었다. 천일염이 자연식품으로 홍보되면서 정제염보다 더 좋은 소금으로 아는 이들이 많지만 사실은 다르다.

천일염이 정제염에 비해 미네랄 함량이 높다는 것은 그만큼 불순물이 많다는 뜻이기도 하다. 천일염에 들어 있는 염화마그네슘이 쓴맛을 내기 때문에 오랜 기간 간수 빼는 과정을 거치는데 이 과정에서 미네랄 성분도 거의 제거된다. 오래된 소금일수록 미네랄 함량이 낮고 3년 묵힌 천일염은 정제염과 별 차이가 없는 것으로 밝혀졌다(사실은 소금 자체가 염화나트륨이라는 미네랄이다). 우리 몸에 필요한 다양한 미네랄을 천일염을 통해 섭취하려면 하루에 소금을 1kg 이상 먹어야 한다는 계산이 나온다. 천일염 한 숟가락에 들어있는 미네랄보다 방울토마토 하나에 들어 있는 미네랄이 훨씬 풍부하다. 온갖 다양한 먹거리를 먹고 있는 현대인들이 굳이 소금을 통해 다른 미네랄을 섭취할 필요는 없는 셈이다.

천일염이 식품으로 적절한가에 대해서는 논란이 계속되고 있지만 진실을 덮기는 힘들다. 2007년 「염관리법」 개정 전까지 소금은 식품이 아니라 나트륨, 곧 광물로 취급되었는데, 사실상 공업용 재료 수준에서 관리되어온 셈이다. 식품으로 관리되는 지금도 소금의 불순물 허용치가 천일염의 경우 0.15% 미만으로 일본(0.01%)에 비해 거의 15배에 이른다. 음식 칼럼니스트 황교익이 천일염을 물에 녹여 개흙이 가라앉은 사진을 블로그에 올리면서 천일염 논쟁이 불붙었다.[27] 그는 천일염을 옹호하는 주장에 과학적 오류가 많다는 사실을 조목조목 짚는다.

---

27) 2015년 7월 23일 〈CBS 라디오 '시사자키 정관용입니다'〉에서 황교익 인터뷰 이후 천일염 위생 문제가 사회적 이슈가 되어 그해 9월 4일 〈SBS 스페셜〉 주최로 소금 토론회가 열렸는데, 천일염 옹호론자들이 불참하는 바람에 싱겁게 끝나버렸다.

우리나라 서해안은 대만이나 일본에 비해 천일염을 제조하기에 적절한 환경이 못 된다. 민물이 많이 유입되어 바닷물의 염도가 낮고 부족한 일조량 때문에 갯벌에 장판을 깔아 바닷물을 증발시키는 편법을 쓰기도 한다. 갯벌이 썩고 환경호르몬 문제가 제기되면서 장판 대신 타일로 대체되는 중이지만 안심할 수준은 아니다. 더욱이 한국과 중국의 공업화가 진행되면서 바닷물이 갈수록 오염되고 있는 상황이다. 정작 천일염 제조법의 원조인 대만에서는 위생 문제로 2001년부터 생산을 금지했는데, 한국의 경우는 이명박 정부 들어서 사양 산업이던 천일염 산업을 국고지원으로 되살렸다.

천일염의 대안으로 제시되는 정제염은 순수한 염화나트륨으로, 자염처럼 바닷물을 끓여서 증발시키는 제조 과정상 에너지가 많이 드는 단점이 있지만 가장 안전한 소금이다. 천연가스를 쓰는 중국산 정제염에 견주어 국내의 경우 울산석유화학단지의 폐열을 활용하는 한주소금이 그나마 가격 경쟁력을 갖추고 있는 편이다. 자염은 천일염보다 불순물이 적고 단맛의 여운이 있어 고급 요리에 쓰이나 그 맛은

실상 맛소금과 그리 다르지 않다(맛소금은 정제염에 MSG 를 섞은 것이다). 최근 태안지역에서 전통적인 방법으로 자염을 생산해 좋은 반응을 얻고 있지만 상당히 비싼 점이 흠이다.

죽염은 『신약』의 저자 인산 김일훈 선생이 소개 하면서 대중에게 알려진 소금인데, 아홉 번 구운 죽염 은 민간요법에 관심이 많은 자연주의자들에게 만병통 치약처럼 인식되기도 했다. 하지만 화학성분으로 보 자면 염화나트륨에 약간의 미네랄과 대나무 잿가루가 조금 섞인 물질일 따름이다. 죽염에 미네랄 성분이 55 가지나 들어 있다고 홍보하지만 천일염과 마찬가지 로 미네랄을 굳이 죽염을 통해 섭취할 필요는 없는 일 이다. 제조과정에 정성이 들어간 만큼 비싼 값을 받 을 만도 하지만 효능을 과학적으로 검증하기는 힘들 다. 사찰이나 개인이 소규모로 제조하는 죽염의 경우 식품위생법의 사각지대에 놓여 있는 만큼 안전성에도 문제가 있을 수 있다.

죽염이 유행하기 시작한 1980년대 무렵은 우리 사회에서도 뉴에이지 바람이 한창 불 때였다. 1989년 한살림운동이 시작되면서 건강식 바람을 타고 죽염의 유명세도 덩달아 높아져 한동안 정제염 쓰는 사람들은 MSG나 백설탕을 쓰는 사람처럼 무식한 사람으로 비칠 정도였다.[28] 건강 신드롬이 일면서 가히 '백색 공포증'이라 할 만큼 정제 식품에 대한 거부감이 팽배해졌지만, 백설탕과 함께 도매금으로 매도되곤 하는 정제염이 사실은 가장 안전하고 값싼 소금인 셈이다.

---

28) 백설탕보다 흑설탕에 미네랄 성분이 많다는 것도 잘못된 상식이다. 백설탕에 열을 가해 가공한 것이 황설탕, 흑설탕이다.

GMO라는
뜨거운
감자

　'유전자 조작 식품'을 뜻하는 GMO에 거부감을 갖는 것은 어떤 의미에서 자연스럽다. '조작'이라는 자연스럽지 못한 부정적인 뉘앙스가 담겨 있어 더욱 그럴 것이다. '유전자 변형'이라는 표현을 쓰기도 하지만, 조작이나 변형이나 어감이 좋지 않기는 마찬가지다. 유전자 변형은 자연에서도 끊임없이 일어나는 일이지만, 벌이나 나비가 하면 괜찮고 사람이 하면 왠지 자연스럽지 않은 일로 여겨진다.

　자연에서 일어나는 유전자 변형에 비해 인간이 인위적으로 하는 변형은 단기간에 이루어지고 그 변형의 범위가 훨씬 넓은 점이 다르다면 다르다. 자연계에서는 일어날 수 없는 변형도 가능한 것이 유전공학의 힘이고, 이 힘이 언제나 긍정적인 결과만 낳지는 않을 것이다. GMO식품에 대한 우려는 이런 불안감에 근거하여 쉽게 대중 속으로 파고든다. 과학자들에 대한 신뢰가 깊지 못한 때문이기도 할 것이다. 프랑켄슈타인을 만들어내듯이 과학자들이 무슨 짓을 할지 모른다는 경계감이 대중들에게 있다.

하지만 오늘날 전 세계 과학자들은 네트워크를 이루고 복잡한 검증 시스템 안에서 서로의 성과를 점검한다. GMO식품에 대해 무작정 반대하고 의혹을 갖기보다 안전성을 과학적으로 검증하는 과정을 거치고 그 결과를 받아들이는 것이 합리적이다. 유전공학은 인류가 당면한 여러 가지 문제들을 해결해가는 한 방편으로 유용한 학문이자 기술이다. 그 부작용이 없지 않겠지만 부작용을 최소화하면서 앞으로 나아가는 것이 인류가 진보하는 길일 것이다.

2016년에 노벨상 수상자 전체 생존자 중 1/3이 넘는 108명의 과학자들이 국제환경단체 그린피스에 GMO 반대를 중단하도록 촉구하는 성명을 발표해 화제가 되었다. "지금까지 GMO가 인간이나 동물의 건강에 부정적인 영향을 미친 사례는 한 번도 확인되지 않았다"고 하면서, 특히 "그린피스가 반대하는 '황금쌀'이 비타민A 결핍증으로 고통 받는 아프리카와 동남아 어린이들에게 큰 도움이 될 수 있다"고 주장했다.[29] 황금쌀은 GMO벼 품종으로, 야맹증과 피부질환 예방에 좋은 비타민A 생성 물질인 베타카로틴을 많이 함유하고 있다.

GMO식품의 안전성에 대한 과학자들의 신뢰는 다른 조사에서도 드러난다. 2015년 퓨리서치센터가 《사이언스》지를 발간하는 미국과학진흥협회(AAAS) 회원들을 대상으로 여러 가지 과학적 질문을 했는데, 그 중 하나가 'GMO식품을 먹어도 안전한가'였다. 모든 분야의 과학자를 대상으로 했을 때 88%가 안전하다고 답했고, 관련 전공자인 생명과학자들은 91%가 안전하다는 데 동의했다. 위의 설문과 비슷한 응답 비율을 보인 질문이 '기후변화가 인간에 의해 일어났다고 보는가'와 '인간의 진화는 자연적으로 진행되었다고 보

---

29) 그린피스는 비타민A 결핍증은 다른 방법으로도 해결할 수 있고 필리핀에서는 실제로 많이 개선되고 있다는 점을 들어 이 주장을 반박한다.

는가'인 것을 감안한다면 GMO의 안전성에 대한 과학계의 신뢰 수준을 가늠할 수 있다.

과학자 일개인은 실수할 수도 있고 나쁜 의도를 갖고 있을 수도 있지만 전체 과학계는 현재 인류가 가장 신뢰할 만한 집단이다. 《랜싯》, 《사이언스》, 《네이처》 같은 세계적인 과학지들의 논문 검증 시스템은 일반인들의 상상을 초월한다. 때로 논문 조작 사건이 불거지기도 하지만 조작이 드러나는 데 그리 오랜 시일이 걸리지 않는 것은 시스템이 제대로 작동하고 있음을 말해준다.

GMO의 유해성이 아직 드러나지 않았다고 해서 안전하다고 확신하는 것은 섣부를 수 있다. 과학자들은 기본적으로 과학을 신뢰하고 낙관하는 경향이 있지만, GMO의 장기적 영향과 안전성에 대한 과학적 합의는 아직 없는 상태다. 장기적 안전성 실험은 개인이 하기엔 너무 많은 시간과 비용이 들고, 정부나 공공기관은 호의적이지 않으며, 제조 회사는 입증의 의무가 없기 때문에 하지 않는다. 이 때문에 그린피스는 사전예방적 차원에서 실험실 밖에서의 GMO 사용을 반대한다는 입장이다. GMO는 자연생태계에 한 번 노출되면 자동차를 리콜하듯 원상태로 되돌릴 수 있는 게 아니라는 점이 그린피스가 GMO를 반대하는 가장 큰 이유다.

　　낮은 확률일지라도 미래에 일어날 수 있는 재앙의 가능성을 막고자 하는 노력은 가치 있는 일이다. 하지만 종교화한 생태주의에 경도되어 GMO 농산물을 덮어놓고 거부하는 것도 과학적인 태도는 아니다. GMO는 아직 뜨거운 감자다. 안심하고 먹기에는 이른 감이 있고, 신포도로 치부하고 포기하기엔 너무 탐스러운 포도인 셈이다. 반대론자는 굳이 GMO를 통하지 않고도 식량 문제나 건강 문제를 해결할 수 있다고 주장하지만, 이미 옥수수나 대두는 GMO의 영향력 속에 있다. 앞으로 나올 새로운 GMO 농산물들로 인류의 식량 문제나 건강 문제가 개선될 가능성 또한 열려 있다. 그 가능성과 위험성 사이에서 유연하고 지혜로운 대처가 필요할 것이다.

먹거리
보다
중요한
것

　　오늘날 젊은 부모들은 아이들의 먹거리에 각
별히 신경을 쓴다. 아토피 같은 질환을 앓는 아이들의
경우 먹거리는 특히 중요하다. 맛 이전에 아이의 건강
이 우선이라는 데 동의하지 않을 어른은 별로 없을 것
이다. 아이들에게 유기농 식품 아니면 먹이지 않는 부
모들도 있지만, 아이들은 맛없는 음식을 몸에 좋다는
명분만으로 먹지는 않는다. 이념에 사로잡힌 어른들
의 바람일 뿐이다.

　　유감스럽게도 유기농 음식은 대체로 맛이 없
는 걸로 알려져 있다. 유기농 가공식품의 경우 설탕이
나 식품첨가제를 거의 쓰지 않다 보니 자극적인 맛을

내기 어렵다. 하지만 제대로 기른 유기농 채소나 과일로 만든 음식이 맛이 없다면 조리 솜씨가 없어서가 아닐까. 아이들이 대체로 시금치를 싫어하는 까닭은 맛없는 시금치를 맛없게 조리한 때문이라고 봐야 한다. 한겨울 노지에서 자란 시금치와 하우스에서 사시사철 자라는 시금치는 맛이 아주 다르다. 뽀빠이가 우람한 팔을 치켜들어 통조림 시금치를 한입에 털어넣으며 유혹해도 아이들 입맛을 속일 수는 없는 일이다.

옛사람들이 들으면 배부른 소리라고 타박할 일이겠지만, 맛은 중요하다. 햇반이 인기를 끄는 것은 편리함 때문이기도 하지만 무엇보다 밥맛이 좋기 때문이다. 웬만한 식당밥보다 맛있다. 쌀 품종과 도정부터 밥을 짓기까지의 공정이 표준화되어 있어 일정한 맛을 보장한다. 아이들이 밥을 잘 안 먹는다고 걱정하기 전에 밥부터 잘 짓고 볼 일이다. 적어도 학교 급식 만큼은 햇반 수준의 밥을 제공할 수 있어야 한다. 아이들이 밥맛을 알게 되면 밥을 더 좋아하게 될 것이다. 반찬도 중요하지만 그보다 밥이 맛있어야 한다. 제대로 지은 오곡밥은 밥만 먹어도 만족스럽다.

몇 해 전 교육방송에서 아이들의 건강과 먹거

리를 주제로 한 프로그램에서 생태주의를 표방하는 어린이집을 소개한 뒤 그 어린이집을 다니는 아이와 엄마의 일상생활 한 장면을 보여주었다. 유기농 채소로 만든 나물반찬을 아이에게 먹이기 위해 애쓰는 그 엄마는 "한 입만 먹어봐, 그거 사줄게" 하면서 어린 아들을 구슬렀다. 아이는 한 입 받아먹더니 뒤돌아서서 방을 한 바퀴 돌고는 음식을 방바닥에 퉤퉤 뱉었다. 엄마는 안타까운 표정으로 방바닥을 훔치면서 이렇게 말했다. "참고 기다려야죠."

밥이 귀하던 시절에는 상상할 수 없는 풍경이다. 먹을 것을 구하느라 애먹는 사회는 많아도 아이에게 밥을 먹이느라 애먹는 사회는 흔치 않다. 사실 밥투정 하는 아이는 부모의 약점을 알고 권력을 행사하는 재미에 맛을 들인 것이다. 정작 중요한 것을 놓치고 있는 셈이다. 음식은 단순히 몸의 건강만을 위한 것은 아니다. 무엇을 먹는가보다 더 중요한 가치들이 있다.

편식도 따지고 보면 무엇을 먹느냐 하는 문제다. 인간이 워낙 잡식성 동물이기에, 아주 편중되지만 않는다면 편식으로 인한 영양 불균형 문제는 그다지 걱정할 일이 아니다. 댓잎만 먹고 사는 팬더처럼 대부분의 동물들은 편식을 한다. 잡식동물이 오히려 예외적인 종이다. 먹거리의 안전과 균형에 신경 쓰는 반만큼이라도 먹거리를 둘러싼 환경과 밥상 문화, 급식 문화에 주의를 기울이는 것이 필요하지 않을까.

작고하신 권정생 선생의 이야기가 떠오른다. 한번은 안동 시내에 가서 볼일을 보다가 한살림 매장에서 유기농 배추를 한 포기 사들고 집으로 오는데, 동네 가게 앞에 놓여 있는 배추를 보고서 당신 손이 부끄러워 어쩔 줄 몰랐다는 이야기다. 몸에 좋은 것보다 동네 채소가게 주인의 마음을 헤아리는 그 마음이 진정한 생태적 감수성이 아닐까. 선생을 평생 괴롭혔던 몸의 병이 그러한 감수성을 길러주었는지도 모른다.

문명사회에 불고 있는 웰니스(wellness) 신드롬을 비판적으로 고찰한 『건강 신드롬』의 저자는 현대인들이 올바르게 먹는 것에 너무 집착한 나머지 건강식품 중독이라는 새로운 장애를 갖기에 이르렀다면서, 오늘날에는 음식이 이데올로기가 되었다고 말한다. 더 이상 종교인이나 정치인을 믿지 못하게 된 현대인들이 인생의 중요한 물음에 대한 해답을 스타 셰프와 영양학자에게서 찾게 되었다는 것이다.

"유기농 식품과 더 나은 다이어트 방법을 찾고, 의무감으로 운동을 하고, 자기계발을 위해 하루하루를 마치 게임하듯이 사는" 것이 곧 '좋은 삶'은 아닐 것이다. 이런 웰니스의 함정에 빠지지 않는 길은 무엇일까. "우리의 몸을 잠시 잊고, 행복 좇기를 멈추고, 우리의 인격이 건강하고 행복해질 잠재력으로만 규정되는 게 아니라는 사실을 받아들인다면 어떨까?" 가능성보다 오히려 '무력함'이 우리를 인간답게 만든다는 저자의 통찰에 깊이 공감하게 된다.

"우리는 어떤 면으로든 늘 부족함이 있기 마련이며, 인생에서 중요한 것들 대부분은 실패와 고통이 따르기 때문에 그만큼 가치가 있는 것이다. 아름다움은 슬픔에 젖어 있을 때가 허다하고, 진실은 종종 우리를 괴롭게 만든다. 사랑은 늘 우리 가슴을 찢어놓는다. 이렇듯 인생의 중요한 가치들은 고통을 수반하지만, 그 가치를 포기하고 싶을 만큼 큰 고통은 아니다."[30]

---

30) 앙드레 스파이서·칼 세데르스트룀, 조웅주 옮김, 『건강 신드롬』, 민들레, 2016년, 229쪽.

대안의
함정을
경계하며

남진우 펴냄

천연
주의보

　　문명이 발달할수록 자연주의에 끌리는 사람들이 늘어난다. 문명이 주는 피로가 있고, 위험요소도 늘어나기 때문일 것이다. 하지만 '자연'이나 '천연'이라고 다 안전한 것은 아니다. 모든 식물들은 벌레로부터 자신을 보호하기 위해 살충제 성분을 스스로 만들어낸다. 우리가 먹는 대부분의 과일과 채소에는 극소량이나마 천연 발암물질이 들어 있다. [31] 아린 맛이 나는 새순은 독성이 더 강하다. 예로부터 싹이 난 감자눈을 먹지 않는 이유다.

31) 제임스 콜만, 윤영상 옮김, 『내츄럴리 데인저러스』, 다산초당, 2008

천연 물질 역시 화학 성분으로 구성되어 있기는 마찬가지다. 인체 검증 과정을 제대로 거치지 않은 경우 심각한 부작용을 초래하기도 한다. 최근 천연 머리염색약의 부작용으로 얼굴까지 검게 염색된 사람들이 업체를 상대로 소송을 제기했다. 몸에 좋다는 천연 물질을 도포한 침대 매트리스가 알고 보니 방사선을 방출하는 라돈 침구였다. 단순히 '몸에 좋다'는 속설을 믿다가는 오히려 몸을 해치기 십상이다.

1990년대 초 벨기에에서 한 자연주의 다이어트 클리닉이 조제한 체중조절약을 복용한 1백여 명의 젊은 여성들이 급성 신부전증에 걸리는 사고가 발생했다. 역학조사 결과 아리스토로크 산을 함유한 광방기라는 중국산 한약재 때문임이 밝혀졌다.[32] 투석과 신장이식 수술을 받은 환자들 중에는 10여 년 뒤 신장암 진단을 받은 이들이 속출했다. 한약재의 독성으로 인한 사고는 우리 주변에서도 종종 일어난다. 자연산이라고 안전한 것은 결코 아니다. 독버섯도 자연산이고,

32) 약재 수입업자가 한약재 방기와 광방기를 구분하지 못한 데서 일어난 사고로 판명되었다.

라돈도 천연 물질이다.

　　나무를 태울 때 나오는 연기를 액화시킨 목초액은 민간요법 치료제나 천연 농약 등으로 흔히 쓰이지만, 나무가 탈 때 나오는 벤조피렌이나 타르 같은 발암물질이 포함되어 있기 십상이다. 이 화학 성분은 정제해도 잘 제거되지 않는다. 대체 농약으로 쓸 경우 일반 농약보다 잔류 독성이 더 강할 수도 있다. 시중에 유통되는 목초액은 화목보일러나 숯가마에서 나오는 부산물 그대로인 경우가 많아 안전성을 보장하기 힘들다. 육류를 훈제할 때 식용으로 정제된 목초액을 쓰기도 하고, 무좀이나 아토피 등에 효과가 있다는 소문이 돌면서 민간요법으로 많이 쓰이지만, 사실상 독성물질을 바르는 격이다.

　　농약과 화학비료를 쓰지 않고 기른 유기농 먹거리도 알고 보면 그다지 안전하지 않다. 2017년 유럽에서 살충제 성분이 검출된 계란 파동이 일어나면서 국내에도 불똥이 튀었다. 살충제가 검출된 달걀 생산 농가의 상당수가 '친환경 인증'을 받은 곳이어서 더욱 논란이 되었다. [33] 친환경 인증을 부여하는 민간업체만도 37곳이나 되어 허술한 인증 절차가 도마에 오르

면서 정부가 인증 제도를 허술하게 관리해왔다는 비판이 일기도 했다.[34]

　　2011년 독일에서는 수천 명이 장출혈성 대장균에 감염되어 44명 이상이 목숨을 잃는 사고가 발생했다. 스페인산 유기농 오이가 원인으로 지목되면서 외교 문제로까지 비화되었다가 최종적으로는 독일의 한 유기농 기업이 재배한 새싹 채소가 원인으로 밝혀졌다. 2018년 미국에서는 유기농으로 기른 로메인 상추를 먹고 2백여 명이 감염되어 5명이 숨지는 사고가 있었다.

　　유기농 식품 소비가 늘면서 유기농도 점점 기업화되고 있다. 68혁명 이후 미국에서는 70년대부터 유기농 바람이 불기 시작해 90년대에 어스바운드 같

---

33) 농림식품부에 따르면 2016년 말 당시 3천 마리 이상을 사육하는 양계 농장 중 73%가 친환경 인증을 받은 농가로, 여기서 생산된 계란이 전체 유통량의 80~90%를 차지했다.

34) 국립농산물품질관리원의 친환경 농산물 인증마크는 '유기농'과 '무농약' 두 가지뿐이다. '유기농' 인증은 최소 3년간 화학비료와 농약을 쓰지 않고 농사를 지은 땅에서 재배한 작물에, '무농약' 인증은 농약을 치지 않고 화학비료를 적정량의 3분의 1 이하만 써서 재배한 작물에 부여된다.

은 대규모 유기농 기업이 자리를 잡았다. 2천년대 들어 서유럽에서도 수요가 급격히 늘면서 유기농 기업이 생산한 채소가 국경을 넘어 유통되고 있다. 식품의 산업화로 표준화된 식품이 광범위한 지역에 유통되면서, 유통과정에서 변질될 위험이 높아지고 사고가 일어날 경우 피해 지역이 훨씬 광범위해졌다. 과거에는 감염 범위가 마을 단위였다면 지금은 국가 단위, 세계 단위로 확장되었다.

2009년 미국 공익과학센터(CSPI)의 식품 원인 질병에 관한 조사에 따르면, 오염원의 약 90%가 세균이고, 6%가 바이러스, 3%가 화학물질로 밝혀졌다. 잔류 농약으로 인한 화학적 위험보다 생물학적 위험이 훨씬 큰 셈이다. 유기농에 쓰이는 유기질 비료는 원료인 가축 분뇨에 들어있는 항생제 성분으로 인해 발효가 제대로 되지 않아 병원균의 온상이 되기 쉽다. 또한 작물에 질소 과잉을 유발할 수도 있다. 흔히 벌레 먹은 채소가 안전하다고 알고 있지만, 잎에 초산성질소가 많을수록 벌레가 많이 꾄다. 초산성질소는 체내에서 단백질과 결합해 '니트로소아민'이라는 발암물질을 생성하는 것으로 알려져 있다.

식품 전문가들은 아기에게는 유기농 채소보다 오히려 일반 채소를 먹이라고 권한다. 유기농 채소에 있는 세균으로 인해 면역체계가 약한 아기가 복통이나 설사를 일으키는 경우가 종종 있기 때문이다. 때문에 유기농 채소일수록 더 잘 씻고 조리에 신경을 써야 한다. 또한 잎이 유난히 짙은 녹색을 띠는 채소의 경우 초산성질소가 많다는 표시이므로 끓는 물에 데쳐서 질소 성분을 우려내고 요리하는 것이 좋다. 유기농으로 재배한 작물이 더 맛있고 싱싱하지만 더 안전하지는 않은 만큼 더 주의가 필요하다. 세상에 좋기만한 것은 없는 법이다.

자연
요법과
현대
의료

얼마 전 가까운 사람이 암 진단을 받으면서 병원을 내 집처럼 드나든 적이 있다. 공교롭게도 안식년을 갖기로 했다가 생애 가장 힘든 한 해를 보내야 했다. 인생은 뜻대로 풀리지 않는다. 다행인지 불행인지는 알 수 없다. 지나고 보면 그래서 잘 된 경우도 있고, 그렇지 않은 경우도 있다. 하지만 암에 걸린 것이 다행이라고는 말할 수 없을 것이다.

암을 치료하는 과정은 많은 고통을 동반한다. 항암치료든 방사선 요법이든 수술이든 숱한 부작용과 고통을 견뎌내야 하는 과정들이다. 물론 고통이 덜한 자연요법을 선택할 수도 있지만, 치유 가능성은 더 낮다. 자연치유는 시간이 걸린다. 오랜 동안 여러 가지 요인들이 얽혀 서서히 자라난 암조직이 그 사이에 악화될 가능성이 더 높다. 질병이 드러났을 때는 이미 상당히 진행된 상태여서 시간을 다투는 상황이므로 자연요법으로 대처하기에는 무리인 경우가 많다.

의사의 권고대로 수술과 항암치료를 하기로 결정했을 때, 주변에서는 대안운동을 한다는 사람이 어떻게 병원에 기댈 수 있냐고 말하는 이도 있었지만, 당사자가 아닌 입장에서 함부로 말할 사안은 아닐 것이다. 지인은 암 진단을 받기 전 물혹 제거를 위해 침 치료를 받았지만 효과를 보기에는 너무 늦은 상태였고, 오히려 암 진단을 늦추는 결과를 가져왔다. 오랜 세월에 걸쳐 서서히 자라난 이상조직이 침 치료로 단기간에 사라질 거라고 기대한 게 어리석었다. 조직검사 결과 전이 속도가 빠른 투명세포암으로 판명되었으니, 더 늦었더라면 치료가 힘들었을 것이다.

많은 항암제들이 정상세포까지 죽여 몸을 상하게 하지만, 부작용보다 긍정적인 작용이 더 크다고 보기에 항암제를 쓴다. 자연요법이나 면역요법을 옹호하는 이들은 '오히려 항암제로 죽을 수도 있다'라고 말한다. 아주 틀린 말은 아니다. 항암치료는 어떤 면에서 빈대 잡자고 초가삼간 태우는 일 같기도 하다. 그러나 빈대가 아닌 전염성이 강한 치명적인 세균이라면 초가삼간을 태우는 방법도 취할 수 있는 일이다. 몸을 낫게 하는 것은 결국 우리 몸 안의 자연치유력이고 의술은 그것을 도와주는 것이지만, 경우에 따라서는 무지막지한 도움을 줘야 할 상황도 있는 법이다.

그런 상황인지 아닌지는 섣불리 판단하기 어렵고, 감수할 수 있는 위험도의 경중을 따져 어느 쪽이든 결단을 할 수밖에 없는 문제다. 삶은 결단의 연속이고, 결단은 첨단장비가 아니라 우리 내면의 힘에 의지할 수밖에 없다. 음식과 환경을 바꾸고 습관을 바꾸고 운동을 통해서 암을 치유한 이들도 있지만, 실제로는 성공 케이스만 알려질 뿐 실패한 사례는 잘 알려지지 않는다. 자연요법을 시도하다 뒤늦게 병원을 찾는 이들도 적지 않다. 제약업계와 병원 시스템에 문제가 많다 해도 의료기술 자체를 부정하는 것은 위험하다. 더욱이 목숨이 걸린 경우라면.

수술로 제거할 수 있는 것은 제거한 뒤 섭생을 도모하는 것이 현명한 대처법일 것이다. 종양을 인체

면역력만으로 제거하려면 간과 신장의 부담이 그만큼 늘어날 수밖에 없고, 그동안 어떤 이상이 생길지 알 수 없는 일이다. 시간이라는 변수를 고려하지 않는 치료법은 중요한 것을 놓치는 것이다. 치료는 대개 시간과의 싸움이다. 진행 속도가 빠른 질병의 경우는 더욱 그렇다. 조기 진단이 중요한 것도 그 때문이다. 암 조기진단 기술로 말미암아 모르고 지나갈 수 있는 사람들까지 암환자가 되어 고통을 당하는 측면도 없지 않으나, 첨단장비를 통한 진단기술은 암 치료에 긍정적으로 기여하는 면이 더 크다고 봐야 할 것이다.

한의학은 진단과 치료에서는 현대의료에 필적할 수 없다. 환자의 맥을 짚어 진단할 수 있는 병은 심장병 외에는 거의 없다고 봐야 한다. 심장 질환도 수십 가지여서 맥박만으로 정확한 진단은 사실상 불가능하다. 한방병원에도 MRI 같은 진단기기를 들여올 수 있게 법을 개정해야 한다는 주장이 있지만, 기기 한두 가지로 정확한 진단을 할 수 있는 것은 아니다. 한방병원의 주장은 환자를 위한 것이라기보다 밥그릇을 지키려는 데 목적이 있을 것이다.

수천 년 동안 별 변화가 없는 한의학과 달리, 현

대의학과 의료기술은 세계적 네트워크를 이루고 실시간으로 정보를 주고받으면서 하루가 다르게 발전하고 있다. 항암제도 꾸준히 개선되어 특정 암세포만 죽이는 약이 속속 개발되고, 새로운 치료기술이 공유된다. 우리 사회에서 한방과 양방이 마치 대치하는 듯한 형국은 한방에 지나치게 무게를 실어주는 격이다. 한의학은 다른 자연요법과 마찬가지로 예방의학으로서 가치가 있지만, 그것이 현대의학보다 낫다거나 대체할 수 있다고 주장하는 것은 위험하다.

긍정
주의의
함정

　　암은 그 이름만으로도 어두운 느낌을 준다. 이름 자체가 부정적인 이미지를 내포하고 있으니, '암'이라 부르지 말고 '활성증식세포'라고 부르자는 의견도 있다. 부르기는 좀 어렵지만 발랄한 느낌을 주는 이름이긴 하다. 하지만 제약업계와 의료업계는 어두운 이미지의 병명을 선호할 가능성이 높다. 그래야 장사가 더 잘 될 것이므로. 학술적으로나 일상에서 이미 광범위하게 쓰이는 용어인 '암'이 다른 용어로 대체되기는 힘들 것이다.

　　암은 누구나 피하고 싶은 질병이지만, 암환자들 중에는 암 덕분에 더 겸손해지고 범사에 감사하게 되었다고 고백하는 이들도 있다. 긍정주의자들은 암도 선물로 받아들여야 한다고 말하지만, 죽음을 앞둔 말기암 환자가 그러기는 쉽지 않다. 초기 환자에게도 그 말은 스트레스로 작용하기 쉽다. 암도 선물이 될수 있다는 말은 암 자체를 긍정하는 것이 아니라 다른 무언가를 얻기 위한 방편으로 암을 인정하자는 것이다. 자칫 객관적인 판단이 흐려지거나 감상주의로 흐를 위험도 있다.

스톡데일 패러독스(Stockdale paradox)는 무작정 낙관하는 태도의 위험성을 경고한다. 베트남 전쟁 당시 포로수용소에 갇혀 7년 6개월 만에 풀려난 스톡데일 미군 중령은 다른 많은 포로들이 이번 크리스마스에는 석방될 거라는 근거 없는 희망을 품었다가 낙담하기를 되풀이하면서 삶의 의욕을 잃고 일찍 세상을 등진 데 반해, 자신은 석방에 대한 섣부른 기대를 접고 혹독한 환경에서 살아남기 위해 노력했다고 말했다. 막연한 희망고문을 경계해야 한다는 얘기다.

20세기 말에 등장한 '긍정교'는 심리학과 철학의 외피를 걸치긴 했지만, 복을 구하는 신념체계라는 점에서 기존의 기복신앙과 별 다르지 않다. 그럼에도

『시크릿』을 비롯한 긍정교의 경전들이 한때 성경과 베스트셀러 자리를 다투기도 했다. 긍정교는 교주가 따로 없다는 점만 빼고는, 일반 신도들의 두려움과 불안을 먹고 사는 신흥종교와 유사하다. 경쟁이 심한 사회일수록 이러한 신흥종교가 뿌리내리기 쉽다.

　　보고 싶은 것만 보려 하는 인간의 뿌리 깊은 병리 현상과 맞물려 교세를 확장하고 있는 긍정교는 신자유주의 이데올로기와 함께 자칫 사회 병리 현상조차 개인의 문제로 환원시켜버린다. 삶의 모든 문제가 개인의 마음먹기에 달린 것인 양 몰아간다. 대기업이 직원들 수천 명을 해고하면서 동기유발 강좌를 열어 긍정적인 생각을 갖도록 설득하듯이, 모든 일이 마음먹기에 달려 있다는 주문은 힘센 자의 자기합리화를 도와주는 방편이 되기 십상이다.

　　입원 환자는 누구나 창가 자리를 원하지만, 그 자리는 한정되어 있다. 내가 차지하면 다른 누군가는 창 없는 병상으로 가야 한다. 유한한 자원을 놓고서 끌어당김의 법칙으로 서로 경쟁하는 것은 전체의 행복지수를 높여주지 못한다. 이명박 전 대통령 같은 사람은 곧잘 자수성가한 자신의 경험을 근거로 젊은이들더러 긍정적인 자세로 임하면 된다고 하지만, 사회 시스템이 받쳐주지 않는 상황에서 개개인의 긍정성은 무한경쟁을 유발할 따름이다. 신앙심 깊은 긍정교의 장로로서는 할 수 있는 말일지 모르지만 사회 시스템을 개선해가야 할 대통령으로서는 적절치 못한 언사인 셈이다.

삶은 안전하지 않다. 살다 보면 달갑지 않은 일도 맞닥뜨리게 된다. 노화처럼 서서히 찾아오는 것도 있고, 지진이나 질병같이 느닷없이 들이닥치는 불청객도 있기 마련이다. 긍정적인 마음을 갖는 것이 어려움을 극복하는 데 도움이 되긴 하겠지만, 문제의 본질을 놓치지 않도록 주의할 일이다. 삶의 근원적인 불안정성을 받아들일지라도 대책 없는 긍정주의보다는 불안정한 변수를 줄이는 노력을 기울일 필요가 있다.

자신의 몸과 지구를 위해 더 많이 걷고, 도움이 필요한 이들에게 손을 내미는 것 같은 작은 실천들이 삶을 변화시킨다. 내 생명이 언제까지 지속될지, 가까운 이들은 또 언제까지 살게 될지 알 수 없지만, 어떤 관계를 맺고 어떤 삶을 살아갈 것인가는 우리 스스로 결정할 수 있다. 서로를 돌보면서 이 지구별에서 주어

진 시간을 잘 보내는 것 말고 우리가 할 수 있는 일이
무엇일까.

성균관대
출판부

자연주의
육아의
위험성

　'약 안 쓰고 아이 키우기'(안아키) 육아를 둘러싸고 사회적 논란이 벌어진 적이 있다. 회원 수가 6만 명에 이르는 한 온라인 카페가 논란의 진원지였다. 자연치유로 아토피를 낫게 한다면서 진물과 딱지로 뒤덮인 아이 사진을 올려놓은 것을 보며 "아이들이 대체 무슨 죄냐. 이건 아동학대다"라고 비난하는 이들도 있었다. 특히 논란이 된 부분은 유치원이나 초등학교에 들어가 단체생활을 하게 될 때 예방접종 받지 않은 아이들 때문에 다른 아이들도 홍역이나 수두, 볼거리 같은 전염병에 감염될 수 있다는 점이다. [35]

　예방접종을 국가 차원에서 관리하는 까닭은 개

인의 건강을 위해서이기도 하지만 본질적으로 공공의 건강을 위해서다. 예방접종의 가장 큰 의미는 집단면역 효과다. 많은 사람들이 예방접종을 받을수록 전염성 질병의 확산에 제동이 걸린다. 접종을 하지 않은 사람들도 접종한 사람들 덕분에 질병에 걸릴 가능성이 더 줄어드는 셈이다. 천연두가 사라진 것이 집단면역의 대표적인 성과라고 할 수 있다.[36]

안아키식 육아는 비료나 농약을 쓰지 않는 유기농을 닮았다. 안아키 회원들 중에는 유기농 식품을 선호하는 이들이 많을 것이다. 신봉자들 가운데는 유기농을 넘어 자연농주의자들도 있을 것이다. 유기농이나 자연농이 가능하려면 무엇보다 토질이 좋아야 한다. 환경이 중요하다는 얘기다. 육아의 경우도 마찬가지다. 오늘날의 도시 환경에서 자연주의를 추구하는 것은 여러 모로 무리한 일이다.

---

35) 볼거리 환자 수가 2006년 2,089명에서 2015년 23,448명으로 급증했는데, 그 절반이 10~19세 아동청소년이다.

36) 1960년대까지만 해도 제3세계에서 수백만 명을 죽음에 이르게 한 전염병이었던 천연두의 경우 1980년 5월 8일 세계보건기구(WHO)에서 공식적으로 지구상에서 사라졌음을 선포했다. 1998년부터 천연두 예방접종도 사라졌다.

아이들이 타고난 자연치유력으로 각종 질병을 이겨낼 수 있게 하자는 취지는 좋지만 오늘날 아이들은 잡초 같은 생명력을 갖고 있지도 않으며 대부분의 아이들이 사는 도시 환경 또한 썩 좋지 않다는 사실을 간과해서는 안 된다. 인구 밀집도가 높은 도시환경은 농작물이 밀식재배되는 논밭을 닮았다. 검증되지 않은 민간요법에 의지하거나 자연치유력을 믿고 무작정 참고 견디는 것은 위험을 초래할 수 있다. 농작물을 자연 상태로 방치하면 잡초와 해충에 시달려 열매를 맺지 못한다. 인간 또한 어떤 의미에서는 이미 농작물 같은 존재라고 할 수 있다. 아토피를 자연적으로 낫게 하려면 환경을 철저히 바꾸어야 하는데, 현실적으로 그러기가 힘들다면 현대의료의 도움을 받는 것이 차선책이다. 의료 처지를 하면서 음식 등 가능한 선에서 환경 변화를 꾀하는 것이 현명한 대처법이다.

아나키즘에 끌리는 이들일수록 대안교육이나 대체의학, 자연농법 같은 것에 솔깃하는 경향이 있다 (흥미롭게도 안아키와 anarchy 발음이 비슷하다). 아이들 몸에 내재된 자연치유력을 믿듯이 아이들 속에 내재된 배움의 열정을 신뢰하여 적극적인 개입보다는 아이의 성장을 지켜보는 쪽을 선호할 것이다. 하지만 배움이 제대로 일어나려면 농부가 토양을 비옥하게 하듯이 교사의 현명한 개입이 필요하다. 적절한 긴장과 활발한 상호작용이 가능한 환경을 만들어 내지 못하면 배움의 열정은 싹도 제대로 틔우지 못할 수 있다.

모든 도토리 속에는 한 그루 참나무가 들어 있지만, 모든 도토리가 참나무로 자라지는 못한다. 인간 종도 마찬가지다. 위생과 영양 상태가 좋아지면서 유아사망률이 극적으로 낮아진 것은 수십만 년의 인류 역사에서 불과 일백 년 전의 일이다. 여기에 현대의학과 농업기술의 공을 무시할 수 없다. 페니실린이라는 최초의 항생제가 개발된 이후 지난 백여 년 동안 인류가 이룬 성과를 무시해서는 곤란하다.

예방 백신과 항생제 덕분에 인류는 많은 전염병의 위험에서 벗어날 수 있게 되었다. 일리치는 주거 환경과 영양 상태 개선 등이 페스트 같은 전염병 발병률을 낮춘 주요 원인이라고 지적하지만, 천연두에 이어 소아마비가 사라져가고 콜레라나 폐결핵을 통제할 수 있게 된 데는 예방백신과 항생제의 공이 크다. 병원이 병을 만들기도 하지만 병원의 도움으로 병을 치료하는 사람들이 훨씬 더 많은 것이 사실이다.

　　자연 속에 흩어져 사는 것이 아니라 도시에서 밀집된 생활을 하는 현대인들은 질병의 확산에 취약할 수밖에 없으므로 예방접종을 통해 그 가능성을 줄이는 것이 필요하다. 자연주의에 기대기에는 우리네 삶의 양식이 자연과 너무 멀어졌음을 감안해야 한다. 어떤 약이나 치료법도 부작용이 완전히 없을 수는 없지만, 예방백신의 경우 건강한 아이라면 부작용을 걱정할 정도는 아니다. 우리나라에서만도 MMR백신을 비롯해 매년 1,200만 건 이상의 예방접종이 이뤄지는데, 아이들의 경우 이상반응 신고는 대부분 미열 정도에 그친다. 수십 년에 걸쳐 안전성이 확인된 백신을 거부하는 것은 아이와 공동체를 다함께 위험에 빠트리는 결과를 초래할 수 있다.

안아키 부모들과 비슷하게 최근 들어 아동학대 혐의를 받는 이들이 홈스쿨링 부모들이다. 아이들을 학교에 보내지 않고 학대하는 부모들 중에 홈스쿨링을 한다고 둘러대는 이들이 있기 때문이다.[37] 엽기적인 아동학대 사건이 연달아 일어나면서 학교 밖 아이

---

37) 2017년 초에 일어난 '부천 초등학생 시신 훼손 사건'의 경우 아이 아버지는 4년 가까이 아들을 학교에 보내지 않으면서 "홈스쿨링을 시키고 있다"고 둘러댔다. 그보다 조금 앞서 일어난 인천 A양 사건의 경우도 부모가 홈스쿨링 명목으로 학교에 보내지 않았던 것으로 드러났다. A양(11살)의 경우 초등 2학년 1학기를 마친 뒤 2년 가까이 학대에 따른 영양실조로 몸무게가 16kg에 불과한 상황에서 가스배관을 타고 집을 탈출하면서 세상에 알려졌다.

들에 대한 정부의 관리 책임이 대두되자 전국적인 실태조사가 이루어졌다.[38] 그 과정에서 많은 홈스쿨링 가정이 불편한 시선을 감내해야 했다.

비인가 대안학교 역시 조사대상에 포함되었다. 2017년 4월 지리산 청학동에 자리한 한 '대안학교'에서 일어난 상습적인 폭행과 추행 사건이 공중파를 타면서[39] 대안교육 전반에 대한 사회적 불신이 증폭되기도 했다. 문제의 학교는 감사 결과 법인 설립 후 일어난 43건의 폭력 사건이 모두 학부모 합의만으로 종결 처리되고, 회계부정도 다수 밝혀지는 등 총체적 부실 운영이 드러나면서 도교육청이 인가 취소를 검토하기에 이르렀지만 아직 계속 운영되고 있다.

제도가 없거나 관련법이 없어서 아동학대가 일어나는 것은 아니지만, 관리감독 사각지대에 있는 홈스쿨링이 아동학대의 방패막이가 될 소지는 다분하

---

38) 조사 결과 행방불명 등 정당한 사유 없이 3개월 이상 장기결석을 해 학업이 유예된 초등학생은 106명, 중학생은 152명이었다.

39) 문제의 학교는 2005년 청학동문화원 서당으로 출발해 '어울림학교'라는 이름으로 기숙형 비인가 대안학교로 운영되다 2013년 경남교육청으로부터 대안학교 인가를 받고 지리산중학교로 명칭이 바뀌었다.

다. 마찬가지로 사각지대에 있는 비인가 대안학교 아이들 역시 보호받기 힘든 상황에 놓일 수 있다. 청학동의 학교는 인가 학교임에도 불구하고 폭력과 비리의 온상이었다. 부모답지 못한 부모들도 있듯이 교사답지 못한 교사들은 어디나 있기 마련이다. 대항할 수 있는 힘을 미처 기르지 못한 아이들의 경우 속수무책으로 당하게 된다.

문제 부모와 문제 교사들을 발본색원하는 것은 가능하지도 않을 뿐더러 그럴 필요도 없다. 적절한 견제장치로 제어하는 것이 현실적인 방안이다. 대부분의 인간사회는 그 정도의 하자는 감당할 수 있게 설계되어 있다. 인천 A양과 지리산중학교의 경우에도 뒤늦게나마 사회 시스템이 작동하여 부모와 교사의 약한 고리를 보강할 수 있게 된 사례다. 애초에 이런 일이 일어나지 않는 것이 더 바람직하겠지만 우리 사회의 수준이 거기에 미치지 못하는 것이 현실이다.

결혼제도와 학교제도는 인류가 지속가능한 삶을 위해 숱한 실험을 거쳐 보편적인 제도로 받아들이게 된 대표적인 것들이다. 사회가 유지되기 위해 반드시 필요한 일이라면 그 일은 누구나 할 수 있도록 제도가 설계되기 마련이라는 것이 인류학의 통찰이다. 자격증을 가진 사람만 결혼할 수 있다거나 아이들을 가르칠 수 있다면 그 사회는 몇 세대 지나지 않아 망한다는 얘기다.

그런 점에서 근대학교 제도가 자리 잡으면서 생겨난 교사자격증 제도는 인류사적으로 볼 때 매우 특이한 제도인 셈이다. 사실 학교교사는 국가의 대리인으로서 인적자원을 관리하는 행정가에 가깝다고 할 수 있다. 공동체를 유지하는 데 필요한 보육과 교육은 가정과 학교 외에도 다양한 곳에서 다양한 사람들을 통해 이루어져왔다. 근대학교가 교육기관이라는 것은 오해에 가까우며, 학교제도는 사회의 의사결정구조를 만들어 내기 위한 서열화 작업을 하는 장치라고 봐야 한다. 민주주의가 발달하고 사회구조가 변화하면서 학교의 기능 역시 변화하고 있지만 그 변화가 사회변화를 따라가지 못하면서 불협화음을 내고 있는 것이 현실이다.

홈스쿨링은 학교제도를 불신하는 부모들이 선택하는 대안 중 하나이지만, 사회적 대안이 되기는 힘들다.[40] 사회적 약자에게 억압적이지 않은 제도를 만들고, 또 그 제도가 관료화되지 않게 운영하는 실력이 그 공동체의 수준을 결정한다. 의료 시스템에 대한 불신이 대체요법에 대한 수요를 만들어 내듯이 학교 시스템에 대한 불신이 다양한 대안교육 흐름을 만들어 내고 있지만, 대체요법과 대안교육의 부작용 또한 만만찮을 수 있다는 사실을 간과해서는 안 된다.

검증과정이 없는 치료법은 위험하다. 현대의료의 치료법은 치밀한 임상실험과 복잡한 검증과정을 거친다. 자연요법이나 민간요법은 오랜 세월에 걸쳐 임상실험과 검증과정을 거쳤다고 볼 수도 있지만 그 실험과 검증이라는 것이 대체로 '해보니 좋더라' 수준이다. 안 하느니만 못한 요법들도 적지 않다. 화상에 된장 바르는 민간요법 수준의 대안교육이어서는 곤란하다. 임상과 검증을 거치지도 않고 후속 관리감독도 마다하면서 마냥 "우리의 선의와 열정을 믿어 달라"고 해서는 안 될 일이다.

학교가 교육을 독점하고 병원이 의료행위를 독

---

40) 홈스쿨링 본산지인 미국에서는 주마다 조금씩 제도가 다르지만 대부분 주교육위원회에서 홈스쿨링 가정을 관리감독한다.

점함으로써 오히려 배움과 건강이 위협받고 있다는 이반 일리치의 문제의식은 일면 유효하지만, 제도의 존재 의미를 다른 관점에서 바라볼 필요가 있다. 불의의 사고나 질병으로 생사의 갈림길에 서게 될 때를 대비한 사회적 안전장치가 병원이라면 학교는 사회 제도적 관점에서 볼 때 상호작용이 긴밀해지도록 인적 네트워크를 만드는 장치라 할 수 있다. 학연의 부작용을 비롯해 많은 문제를 안고 있긴 하지만 학교를 대신할 만한 제도를 만들어내려면 오랜 시간이 필요할 것이다.

제도는 개인을 위해서라기보다 사회를 유지하기 위한 장치다. 기득권자들에게 유리한 쪽으로 제도가 운용되는 경우가 비일비재하지만 이를 견제하기 위한 장치를 만들어가는 것이 인류의 역사이기도 하다. 건강이나 교육처럼 삶에서 본질적인 가치를 담보하는 제도를 시민이나 민중이 자율적으로 운영하는 것이 바람직하다 해도 그것을 구현하는 일은 쉽지 않다. 대의민주주의와 지방자치제도가 그나마 현재 문명사회에서 구현되고 있는 셈이다.

최근 세계적인 숙박공유업체인 에어비앤비가

몰카와 성폭행, 인종차별 등으로 논란이 끊이지 않는 것도 검증과 관리감독이 힘들기 때문이다. 사람들의 선의에 기초한 공유경제 시스템의 허점을 악용하는 사람들이 진입하는 것을 막기가 쉽지 않다. 선의는 검증하기가 힘들 뿐더러 되는 장사라는 소문이 나면 시스템의 허점을 악용하는 장사꾼과 사기꾼들이 끼어들기 마련이다. 선의가 질을 보장하지도 않는다. 대안교육도 상황이 비슷하다. 검증에는 외부자의 시선이 필요한 법이다.

대안교육이 진정으로 공공성을 지향한다면 사회의 관점에서 스스로를 바라볼 필요가 있다. 제도화의 부작용이 우려되더라도 홈스쿨링 가정과 비인가 대안학교에 대한 관리감독이 제도화되어야 할 시점이다. 자율성과 공공성이 훼손되지 않는 적절한 선에서 타협점을 찾아야 할 것이다. 부작용 또는 반작용이 따르지 않는 작용은 없는 법이다. 작용과 반작용의 흐름 속에서 긴장의 끈을 놓지 않을 때 정체되지 않고 나날이 새로워질 수 있다. '처음처럼'을 고집할 것이 아니라 '일일우일신' 해야 한다.

사이비,
비슷하지만
아닌

'옷이 날개'라는 우리 속담이나 '좋은 옷은 모든 문을 연다'는 서양 속담은 겉모습으로 사람을 판단하는 경향이 보편적이라는 사실을 말해준다. 옷이 신분을 상징하던 오랜 역사적 경험 때문이기도 하겠지만 의사결정의 효율성을 추구하는 쪽으로 뇌가 진화해왔기 때문이기도 할 것이다. 신분제가 생겨나기 이전 선사 시대부터 인간은 낯선 존재가 위험한 존재인지 아닌지 순간적으로 잘 판단해야만 살아남을 수 있었다. 옷으로 사람을 판단함으로써 실수할 수도 있지만, 그렇지 않을 때가 더 많았기 때문에 보편적인 현상이 되었을 것이다.

옷은 사회생활에 필수적인 소품이다. '의식주'라는 표현이 성립하는 것도 사회생활에서 옷이 식과 주에 앞서기 때문이다. 생존만 놓고 보면 식-의-주 순서가 맞지만, 사회적 존재로서 인간은 옷에 더 신경 쓸 수밖에 없다. 음식과 주거는 남들에게 보이지 않을 수 있어도 옷은 드러내지 않을 수 없다. 다행히 오늘날 옷을 구하지 못해 사회생활에 어려움을 겪는 이들은 거의 없을 것이다. 화학섬유는 인류를 기아의 공포에서 해방시켜준 화학비료 못지않게 인류사에 한 획을 그었다. 화학이야말로 인간의 의식주를 획기적으로 바꾼 주역이다.

우리는 옷으로 자신의 정체성을 표현하고, 때로는 감추기도 한다. 자신이 의도하는 이미지를 만들어내기 위해 세심하게 옷을 고른다. 대충 아무거나 입는다는 사람도 그런 방식으로 자신의 정체성을 드러내는 셈이다. 청바지에 검정 폴라넥을 유니폼처럼 입은 스티브 잡스는 자신의 스타일에 엄격했던 사람이다. 아이폰 스타일은 그의 패션 스타일의 연장이다. 삼성전자 사장도 제품발표회 때 청바지 차림으로 등장하지만, 그것은 갤럭시가 아이폰을 흉내 낸 것임을 고백하는 것이나 다름없다.

　'벌거벗은 임금님' 이야기가 동서양을 막론하고 공감을 얻을 수 있는 것도 옷에 대한 경험이 비슷하기 때문일 것이다. 사기꾼에게 옷은 마술사의 모자만큼이나 유용한 소품이다. 옷을 대충 차려입는 사기꾼은 없다. 뭔가를 보여줄 필요가 있는 사람이 보여줄 알맹이가 없을 때 손쉽게 보여줄 수 있는 것이 옷이다. 대부분의 교주들은 옷으로 사람들을 제압한다. 사이비들일수록 옷을 그럴듯하게 차려입는다.

　예전에 사기꾼 감별법 중 사장실에 브리태니커 사전 전질이 꽂혀 있고 태극기가 걸려 있으면 십중팔구 사기꾼이라는 이야기가 있었다(개중에 더한 사기꾼은 사전 케이스만 꽂아놓기도 했다). 학교 교장실에도 교육자로서의 자질을 한눈에 알아볼 수 있게 해주는 소품들이 있다. 교장의 회전의자 뒤편에 태극기와 교기가 좌청룡 우백호처럼 서 있고, 진열장 속에 온갖 트로피들이 늘어서 있으면 일단 교육자이기보다 교육행정가라고 보는 게 맞을 것이다. 공교육 체제 속에 있는 학교라면 그런 행정가가 필요할 수 있지만, 그에게 교육자적 자질까지 기대할 일은 아니다.

사기의 세계에서 프로와 아마추어의 경계는 흐릿하다. 사기꾼들 중에는 스스로 사기를 친다고 전혀 생각하지 않는 사람도 있다. 대개 신념에 차 있는 사람들 중에 자신을 속이고 세상을 속이는 이들이 적지 않다. 때문에 사기꾼을 감별하기란 쉽지 않다. 종교계나 교육계, 예술계에 그런 이들이 많은 것은 검증하기 힘든 분야이기 때문이다. 그림 대작 사건으로 재판을 받은 한 유명가수도 스스로 사기꾼이라 생각하진 않을 것이다.

선거 때 공약을 남발하는 정치인들은 사실상 공인된 사기꾼들이다. 소비자를 홀리는 광고 카피를 쓰는 유능한 카피라이트 역시 공공연히 사기를 치는 셈이지만 사회적으로 용인된다. 점당 십만 원의 수고비를 주고 제작한 대작 그림에 자기 사인을 해서 천만 원에 판 가수는 화가일까 사기꾼일까. 학교를 엉망으로 운영하면서 아이들의 인생을 잡아먹는 사람은 교육자일까 사기꾼일까.

나도
속을 수
있다

대검찰청의 「2018년 범죄 현황 보고서」에 의하면, 2014년까지는 절도가 가장 많았는데 이후 사기 범죄 건수가 더 앞서기 시작했다. 2010년 이후 사기 사건 고소가 쉬워진 데다, 전자상거래 등 인터넷을 통한 신종 사기가 급증한 때문으로 분석된다. 형사고소가 쉬워졌어도 '꾼'들의 사기 행각을 막기에는 역부족이다. 주식회사 같은 법인은 한정책임을 지므로 부도가 나도 법인 대표에게 배상 책임이 부과되지 않는 점을 이용해 기업 사기꾼들은 법인을 세우고 자금을 끌어들여 유용하다가 문제가 터지면 법인을 해체하고 또 다른 법인을 세우는 식으로 사기를 친다.

사기범의 유형에는 경제사기범이 가장 많지만, 사기꾼들의 먹잇감은 도처에 늘려 있다. 정치, 경제, 사회, 종교, 교육, 예술, 의료 등 인간사회의 모든 영역에 촉수를 뻗는다. 바퀴벌레처럼 조그만 틈새도 파고드는 그들의 놀라운 능력 덕분에 사회제도가 조금씩 더 완비되는 긍정적인 효과도 있을 것이다. 사기꾼은 인간사회에서 매춘 못지않게 역사가 오랜 직업이자 모든 직업이 사라져도 꿋꿋하게 건재할 마지막 직업일 거라 한다.[41]

사회적 지탄의 대상이 되는 이런 사기꾼들도 나름의 사회적 역할이 있다. 되는 장사에는 사기꾼이 끼어들기 마련이듯이, 그들은 판을 키우고 거품을 만들어낸다. 18세기에 유럽을 뒤흔든 네덜란드 튤립파동이나 영국의 남해회사, 프랑스의 미시시피주식회사 같은 금융사기는 사회적 물의를 일으켰지만, 자본주의가 발전하는 계기가 되기도 했다. 자본주의 경제는 본질적으로 거품으로 지탱된다. 금융사기처럼 단기간

---

41) 마리아 코니코바, 이수경 옮김, 『뒤통수의 심리학』, 한국경제신문, 2018

에 급격히 부풀었다 꺼지는 대신 몇십 몇백 년에 걸쳐 서서히 위험을 떠넘기는 구조로 유지되는 차이가 있을 뿐이다. 아버지 세대가 물려준 문제를 아들 세대가 해결하면서 그럭저럭 세상이 유지되고 있다.

사기 행위는 대체로 한 번에 그치지 않는다. 금전사기의 경우 처음 몇 번은 잘 갚다가 나중에 큰돈을 빌려서는 잠적하기도 하고, 계속 조금씩 돈을 빌리면서 먼저 준 돈을 받기 위해 수렁에 빠지듯이 점점 깊이 빠지게 만드는 경우도 있다. 수사관의 말에 의하면, 사기 피해자 대부분은 부유한 사람보다는 돈이 궁한 사람들이며, 궁하다 보니 잘못된 선택을 할 가능성이 높아진다. 몸이 아프거나 도움이 필요할 때 누군가 솔깃한 제안을 해오면 누구든 귀를 기울이게 된다. 암환자들 중에 기치료비로 수백만 원을 버리는 이들이 적지 않았다.

사기가 후진국에서 더 흔히 일어나는 까닭은 과학적 사고를 하지 못하는 이들이 더 많기 때문이기도 하고, 삶이 그만큼 더 힘들기 때문이기도 할 것이다. 사기꾼들은 궁벽한 처지에 놓인 사람들을 더욱 궁벽하게 만들면서도 양심의 가책을 느끼지 않는다. 사회심리학자 마리아 코니코바는 사기꾼들의 공통된 심리적 특성으로, 공감능력이 없고 보통사람들과 감정의 작동 방식이 다르다는 점을 든다. 그리고 자신은 특별한 대접을 받을 자격이 있다고 느끼는 나르시스트 경향이 강하다고 한다. 반면에 사기 당하는 사람의 유형은 정해져 있지 않고, 그가 처한 상황에 따라 누구나 사기에 걸려들 수 있다고 말한다.

보이스피싱이 사회문제가 된 지 오래 되었지만 피해자가 끊이지 않고 있다. 피싱 수법이 점점 진화하고 있기도 하지만, 뻔한 수법에 당하고서 어이없어 하는 이들도 적지 않다. 전문가들은 '나도 예외가 아닐 수 있다' 생각하는 것이 사기를 당하지 않는 비결 중 하나라고 말한다. 자신도 언제든 '호구'가 될 수 있다는 겸허함이 우리를 지켜준다. 심지어 사기꾼들을 많이 상대하는 변호사들도 사기를 당하는 세상이다. 업계의 경쟁이 치열해지면서 범죄에 연루되거나 피해를 당하는 변호사들이 늘고 있다.

사이비와 진짜를 알아볼 수 있는 안목을 기르는 것이 교육의 역할이기도 하다. 하지만 개인적인 안목만으로 사이비에 속지 않기란 어렵다. 어떤 상황에 놓이면 누구나 속을 수 있기 때문이다. 숲이 큰 바람에도 쓰러지지 않듯이, 흔들릴 때 붙들어줄 수 있는 친구나 동료가 있으면 실족을 피할 수도 있다. 교육은 그런 동료를 만날 수 있게 도와주는 것이기도 하다. 배운 사람은 잘 속지 않지만, 주변에 배운 사람들이 있으면 자칫 속아 넘어갈 상황에서도 그들이 붙들어준다.

사이비
능력자들

사이비(似而非)는 '비슷하지만 아닌'이란 뜻이다. 하지만 사이비와 진짜의 경계는 뚜렷하지 않다. 짝퉁 가방도 분간하기 힘든 세상에서 사이비 종교와 진짜 종교를 누가 재단할 수 있을까. 면죄부를 팔아먹은 로마가톨릭교회와 사이비로 지탄받는 신흥교단의 차이가 무엇일까. 오늘날 한국에는 재림 예수가 열 명이 넘는다. 그들의 '뻥'이 통한다는 것은 그런 이야기에 굶주려 있는 이들이 있기 때문이다.

종교는 공동체의 구성원들이 공유할 수 있는 이야기를 만들어냄으로써 대집단을 이룰 수 있게 한다. 이야기를 만들어내는 것이 호모사피엔스 종의 독특한 능력이라는 유발 하라리의 통찰은 사이비들을 이해하는 데도 도움이 된다. 그들의 이야기 솜씨는 탁월하다. 판타지 문학이 끊임없이 독자들을 끌어 모으듯이, 인간은 어떤 황당한 이야기도 들을 준비가 되어 있다. 따지고 보면 동정녀 마리아 이야기는 믿으면서 재림 예수 이야기를 못 믿을 이유는 없다.

사이비들의 속임수가 통하는 것은 속을 준비가 되어 있는 사람들이 있기 때문이다. 1980년대에 유리 겔라가 염력으로 숟가락을 구부린다며 전 세계를 상대로 사기를 칠 수 있었던 것은 때마침 불기 시작한 뉴에이지 열풍 덕분이기도 하지만, (초인적인) 힘을 갖고 싶어 하는 보통 사람들의 무의식적인 욕망을 건드렸기 때문이다. 그 무렵 영매니 채널링이니 하는 심령술이 대중의 관심을 끌기도 했다. 라즈니쉬 같은 인도 출신 구루가 서구인들을 사로잡고, 〈사랑과 영혼〉 같은 영화가 인기를 끈 것도 그 즈음이다.

유리 겔라가 형상기억합금으로 장난친 것이라는 사실이 밝혀진 뒤에도 여전히 속는 사람들이 나오고 있다. 쟈니 카슨 쇼에 출연해 실제로 포크를 구부려 보임으로써 유리 겔라의 사기극을 폭로한 마술사 제임스 랜디는 어떤 초자연 현상이든 자신에게 입증해 보이는 사람에게 백만 달러의 상금을 주겠다고 공개적으로 약속했지만, 몇십 년이 지나도록 상금을 탄 사람이 없다. [42] 초능력자로 알려진 사람들은 단지 뛰어난 마술사에 지나지 않는다는 것이 랜디의 주장이다.

제임스 랜디는 아프리카 여행 중에 환자를 치료한다는 심령술사의 사기극을 보고 초능력을 빙자한 사기극을 폭로하는 일을 시작했다. 환자에게 돈만 뜯는 게 아니라 제때 치료 받을 기회와 시간까지 앗아가는 것은 용서할 수 없는 범죄 행위라면서. 동남아시아, 아프리카, 남미 같은 곳에서 유행하는 심령 치료는 전형적인 후진국형 사기다. 우리 사회에서도 한때 기치료 같은 것이 유행했다. 일부 교회와 기도원 등에서는 아직도 비슷한 사기 행각이 벌어지고 있다. 인체의 생체 전자기가 영향을 미칠 수 있고, 플라

---

42) 린트겐이라는 의사가 딱 한 번 상금을 탈 뻔 했는데, 그는 클래식 LP 레코드판 표면을 보기만 하고도 어떤 곡이 담겨 있는지 알아맞췄다고 한다. 하지만 그는 스스로 레코드판 홈의 미세한 차이를 읽을 수 있을 정도로 시력이 좋을 뿐이라며 초자연적인 능력은 아니라고 고백했다. 초능력에 가까운 놀라운 시력에 더해 클래식 마니아였기에 가능한 일이었다.

시보 효과처럼 믿음이 치료 효과를 보이기도 하기에 이런 일은 쉬이 사라지지 않을 것이다.

'초능력 사기꾼 헌터'인 랜디와는 다르지만, 중국의 종합격투기 선수 쉬샤오둥은 중국 전통무술의 고수라는 이들이 사기꾼에 가깝다는 사실을 대전을 통해 판판이 증명하면서 '무림고수 헌터'라는 별명을 얻었다. 사실 중국 전통무술은 양생법이자 수련의 한 방편으로 전승되어온 것이지 실전용 격투술이 아님에도 무협소설이나 영화에서 대중에게 환상을 심어줌으로써 중국인들의 '국뽕'에 상당히 기여했다. 굴기를 외치는 중국 당국이 국뽕에 찬물을 끼얹는 그를 곱게 봐줄 리 없다 보니 최근 활동에 상당한 제약을 겪고 있다고 한다.

"진정한 무공비급은 뉴턴역학이다."[43] 무술의 세계에서 춤의 세계로, 다시 '명상적 걷기'로 넘어오면서 이십여 년 수련의 길을 걷고 있는 사람의 말이다. 무술인의 능력이 초능력 같은 신비한 뭔가가 아니라 중력가속도와 관성력, 작용 반작용 법칙 같은

43) 이기현, 『그래비톨로지』, 퍼플, 2016

물리 현상을 적절히 활용하는 기술이라는 얘기다. 맨 몸으로 기관차를 끄는 차력술 같은 것도 뉴턴역학을 활용한 기술의 하나이지 다른 신비로운 에너지를 쓰는 것이 아니다. 그네를 미는 요령과 기관차를 끄는 요령이 같다. 반작용의 힘, 관성의 힘을 적절히 이용하는 것이다.

영약이나 비급, 초능력을 추구하는 것은 사실 상 꼼수로 어떻게 해보겠다는 것이다. 개인적으로 그런 것을 추구한다 해서 나무랄 수는 없지만, 지푸라기라도 잡고 싶은 상황에 놓인 이들에게 솔깃할 수밖에 없는 이야기를 들려주며 뒷돈을 챙기는 자들은 악질 사기꾼들이다. 사기극의 배후에는 면죄부 같은 종잇조각이나 돼지 뼈다귀로 만든 조잡한 성물(聖物)이 아닌 현실적인 이익을 얻는 누군가가 존재하기 마련이다. '그래서 누가 이익을 보는가'라는 질문을 던져보면 현상의 배후에 있는 진실을 엿볼 수 있다.

도통과
소통 사이

청어람미디어

도덕경
이라는
경전

    성경에서 일점일획도 더하거나 뺄 수 없다는
기독교의 문자주의는 오래 전부터 비판을 받아왔다.
예수에 관해 전승되어오던 이야기의 다양한 판본들이
오늘날의 성경으로 모습을 갖추기까지는 수백 년에
걸친 논의가 있었다.[44] 정경(正經)에 들지 못한 외경(外
經)과 위경(僞經)이 정경보다 더 많다는 사실이 논의 과

---

44) 성경이 오늘날의 모습이 된 것은 예수 사후 4백 년이 흐른 뒤다. 구
    약성서가 지금의 39권(원전에서는 24권)으로 정해진 것은 BC 90년
    경의 야무니야 회의에서였고, 신약성서가 현재의 27권으로 결정된
    것은 AD 397년 카르타고 회의에서다. 가톨릭에서 정경으로 인정하
    는 것 중에 개신교에서는 외경으로 간주하는 것도 있다.

정의 복잡함을 말해준다. 사실 위경이 정경으로 인정되었더라도 기독교가 지금보다 더 많은 교파로 분열되거나 어리석은 일을 더 많이 저지르지는 않았을 것이다.

신의 말씀이라는 권위를 지닌 성경이 그러한데, 2,500년 전 이름도 분명치 않은 한 늙은이의 말을 전하는 두루마리의 진위 여부를 가리기는 더욱 힘든 일일 것이다. 노자가 썼다는 도덕경 역시 공관복음서와 마찬가지로 다양한 판본이 존재한다. 노자가 주나라를 떠날 때 국경을 지키던 사람이 노자를 알아보고 글을 청하자 5,200여 글자를 남겨주었다고 사기(史記)에서 전한다. 상편은 도(道)로 시작하고 하편은 덕(德)으로 시작하기에 '도덕경'이라 불린다.

도덕경 역시 성경과 마찬가지로 판본마다 차이가 있다. 도덕경의 대표적인 판본은 왕필본이다. 성경 주해자로 치면 토마스 아퀴나스에 버금가는 인물인 왕필은 서기 234년 불과 17세의 나이에 이 주해서를 쓴 천재로 역사에 기록되고 있다. 왕필본의 원본으로 인정되는 백서본은 기원전 3세기 전국시대 말에 성립된 것으로 추정되는데, 특이한 점은 덕경이

도경 앞에 있다는 점이다. 말하자면 도덕경이 아니라 덕도경인 셈이다. 오늘날 도덕경을 연구하는 사람들에게는 전승 과정에서 첨삭 여부를 비교할 수 있는 좋은 자료다.

비단에 쓰인 백서본보다 백 년 정도 앞선 판본으로 추정되는 곽점본은 대나무에 쓰어 있는데, 2천 자밖에 안 되는 분량임에도 백서본에 없는 내용이 들어 있다. 곽점본에 비해 백서본에는 추가된 내용이 많을 뿐더러 문장도 더 깔끔하다. 옮겨 적는 과정에서의 오류와 옮기는 과정에서 주석이 본문으로 들어간 오류 등이 확인되고 있다. 판본들의 차이로 볼 때, 사마천의 사기에 기록된 것처럼 노자가 함곡관을 넘으면서 5천여 자를 남겼다는 것은 전설에 가까우며, 춘추전국시대를 거치면서 생겨난 다양한 사상들이 섞여 들어가면서 백서본까지 이르렀다는 것이 학계의 정설이다.

도덕경 중 도경은 우주론, 덕경은 치세론 또는 처세론의 관점에서 주로 해석된다. 정치술수와 처세술, 양생법에 가까운 덕경의 말들은 도경과 충돌하는 부분이 적지 않다. 때문에 덕경은 여러 사람의 가필로 이루어진 것으로 추정된다. 중국 양쯔강 이남 지역은 예로부터 양생술에 관심이 많고 신선을 꿈꾸는 이들이 곳곳에 둥지를 틀곤 했다. 우리나라 계룡산과 지리산에 도사들이 많은 것처럼. 도교는 샤머니즘과 합쳐지면서 중국 특유의 현세적인 민간신앙으로 뿌리를 내렸다.

1980년대 이후 한국 사회에서도 도덕경은 끊임없이 재해석되고 있다.[45] 그 배경에는 춘추전국 시대와 유사한 개발 시대의 어두운 그림자가 드리워져 있을 것이다. '능률과 실질을 숭상'하며 '하면 된다'를 부르짖던 개발독재 시대를 거치면서 지나친 작위에 지친 이들에게 무위의 가치를 이야기하는 노자의 가르침이 어필했던 것이리라. 가르침과 배움을 키워드로 도덕경을 다시 풀어쓴 『배움의 도』가 교사들에게 많이

---

45) 그동안 한국 사회에서 많이 읽힌 도덕경은 『노자와 21세기』를 쓴 도올 김용옥의 번역본, 『노자를 웃긴 남자』로 도올을 비판한 이경숙 번역본, 그리고 백서본·곽점본·왕필본을 비교한 『백서노자』를 쓴 이석명의 번역본, 그리고 『노자 이야기1, 2, 3』을 쓴 이아무개(이현주) 번역본을 들 수 있다. 『배움의 도』처럼 서구인이 해석한 주해서를 비롯해 새로운 주해서들이 계속 나오고 있다. (도서 검색 결과 2백여 권의 주해서가 있다.)

읽힌 것도 교육 과잉의 시대를 지나오면서 교사들이 느낀 자괴감과 회의에 기인하지 않을까 싶다.

도덕경은 닭 우는 소리가 들리는 이웃마을과도 왕래하지 않는 것을 이상적인 사회로 여기지만 실제로 그 사회가 살기 좋은 사회는 아니다. 왕래하지 않는 만큼 서로 배타적이었고 끊임없이 전쟁을 치렀다. 부족사회에서 전쟁이 끊이지 않는 것은 내부의 긴장을 외부로 돌리기 위함이다. 그럴 수 없는 경우 부족 내부의 갈등이 폭발하여 집단이 와해되기 십상이다. 외부와 단절된 부족사회에서는 온갖 기행과 퇴행 현상이 일어난다. 노자를 숭상하며 신선을 꿈꾼 도가들의 기행은 예로부터 유명하다. [46)]

---

46) 신선이 되고자 마약의 일종인 오석산이라는 약물을 복용해 수은 중독으로 멜라닌 색소가 빠져 피부가 투명하고 얇아지자 이를 신선이 되어가는 과정으로 착각하기도 했다.

뉴에이지
바람과
수련
열풍

　　20세기말 노자가 한국인들의 주목을 끌던 시기에 서쪽에서 불어온 뉴에이지(New Age) 바람은 이른바 도(道)판에 부채질을 하는 효과를 낳았다. 서구의 지식인들 사이에서 유행하기 시작한 명상과 인도 구루들의 사상(?)이 세계화 바람을 타고 지구촌을 휩쓸었다. 1960년대에 유행한 히피와 아나키즘의 연장선에서 나타난 현상으로 볼 수 있다. 라즈니쉬, 크리슈나무르티, 마하리쉬 같은 이들이 세계인의 스승으로 떠오르면서 80년대 이후 한국 사회에서도 명상이 하나의 문화 트렌드가 되었다. 명상 서적들이 베스트셀러가 되고 인도 여행 바람이 불기 시작한 것도 그 무렵이다.

반전 포인트

뉴에이지의 근원은 19세기 말 유럽 사회의 일부 엘리트들이 만든 신지학협회로 거슬러 올라간다. 사상적 뿌리를 찾아보자면 그리스·로마 시대의 영지주의에 그 맥이 닿아 있다. 힌두사상과 선불교 사상이 가미된 신지학은 기독교에 회의를 느낀 서구 지식인들 사이에 어필하면서 양차 대전 이후 과학적 합리주의의 대안으로 주목받았다. 60년대 히피운동의 정신적 배경이 되기도 한 신지학은 70년대 들어 '뉴에이지'를 전면에 내세워 대중 속으로 파고들었다. 미국에서 유행하는 라엘리안 무브먼트, 사이언톨로지 같은 신흥종교 역시 그 영향을 받았다고 볼 수 있다.[47] 신과학이라 불리기도 하는 유사과학도 그 연장선에 있다.

뉴에이지에서 말하는 '새 시대'는 점성술에 근거한 것으로, 오늘날의 문명이 물고기자리에서 물병자리 시대로 옮겨가고 있다는 것이다. 물병자리 시대

---

47) SF소설 작가 로널드 허버드가 미국에서 창시한 사이언톨로지교는 과학기술을 통한 영혼 정화와 윤회를 믿는다. 물론 영혼의 정화에는 상당한 비용이 들어가는데, 단계가 높아질수록 비용도 올라간다. 엘로힘이라는 외계인과 접촉했고 자신이 예수의 동생이라 주장하는 라엘이 만든 '라엘리안 무브먼트'의 실체에 대해서는 위키백과 '반라엘리안 무브먼트'를 검색하면 알 수 있다.

에는 모든 인간이 신으로 진화하며 자연과 조화를 이루어 신과 인간, 자연이 하나가 된다고 주장한다. 하지만 물병자리 시대가 언제부터 시작되는지에 대해서는 점성가들 사이에서도 의견이 분분하다. 20세기 말에 시작되었다고 주장하는 사람이 있는가 하면 24세기에야 시작된다고 주장하는 이들도 있다. 한때 신지학협회에서 활동하다 탈퇴해 독자적으로 인지학협회를 만든 루돌프 슈타이너는 물병자리 시대가 3573년에야 도래한다고 말했다.

한국에서는 80년대 접어들어 소개되기 시작한 뉴에이지는 90년대 초 소비에트 연방의 붕괴 이후 아노미 상태에 빠진 지식인들 사이에서 일기 시작한 영성 붐을 타고 세를 확대했다. 심신치료법으로 명상이 유행하고 단학선원, 마음수련 같은 많은 수련 단체들이 세를 확대한 것도 이 무렵이다. 21세기에 접어들어 자신의 마음과 몸을 돌보고자 하는 대중들의 욕망이 커지면서 요가 바람이 불기 시작했다. 수련의 방편으로 받아들여진 요가는 여성들의 다이어트 욕구와 결합되면서 요가산업이라 불릴 정도로 대중적인 스포츠가 되었다.

20세기 후반 음악 분야에서도 뉴에이지 음악이 유행했다. 신비로운 분위기의 명상음악으로 유명한 엔야는 독실한 가톨릭 신자여서 자신의 노래가 뉴에이지 음악으로 불리는 것을 마땅찮아 했지만, 소비자들의 취향을 탓할 수는 없는 일이다. 클래식 음악가인 조지 윈스턴 역시 내한 인터뷰 때 기자가 자신의 음악을 뉴에이지 음악이라 지칭하자, "한 번만 더 내 앞에서 뉴에이지 운운하면 인터뷰를 끝내겠다"고 화를 내기도 했다. 뉴에이지는 기독교인들 사이에서는 이단에 가까운 것으로, 과학적 합리주의를 추구하는 이들에게는 비합리적인 신비주의로 간주되었다.

　　과학의 관점에서 뉴에이지에 비판적인 인물로는 리처드 도킨스 같은 이를 들 수 있다.『이기적 유전자』,『만들어진 신』등의 책을 쓴 진화생물학자이자 '전투적 무신론자'를 자처하는 도킨스는 인간의 유전자(gene)처럼 스스로 번식하면서 대를 이어 전해지는 문화적 구성요소인 밈(Meme) 개념을 처음 제시하여 인문사회과학에도 많은 영향을 미쳤다. 뉴에이지 또한 '밈'의 일종으로 해석할 수도 있을 것이다. 시대에 따라옷을 바꿔 입지만, 신비로움을 추구하는 것 또한 인간의 본성에 속하는 하나의 경향성이 아닐까.

세익스피어가 말했듯이, 눈에 보이는 것만이 전부는 아니다. 물질세계를 넘어선 세계에 대한 인간의 탐구심이 낳은 뉴에이지 흐름을 싸잡아 매도할 수는 없는 일이다. 리처드 도킨스는 산타클로스가 존재하지 않는다는 것을 증명하기 위해 6살 조카에게 "산타가 크리스마스 이브날 밤에 전 세계 어린이들에게 선물을 배달한다면, 산타의 썰매가 내는 소닉붐 소리에 너는 잠도 못 잘 거다"라고 해서 '동심을 파괴하는 잔인한 과학자'라는 비판을 받기도 했다. 과학이 비록 중요하지만 인간에게는 신화와 동화의 세계도 필요한 법이다. 문제는 뉴에이지 흐름이 신화와 동화의 세계에만 머물지 않는다는 점이다.

수련단체들이 깨달음을 미끼로 수련생들을 옭아매는 수법은 거개가 비슷하다. 등급 또는 계급을 만드는 것이다. 단월드는 '수준'이라는 말로 이를 완곡하게 표현하지만, 사실상 영적 계급화나 다름없다. 아직 수준이 안 되어 이해할 수 없다는 말로 모든 의심을 무마하면서, 수준을 높이기 위해 계속 더 많은 수련비를 내고 높은 등급의 프로그램을 이수하고 승급 심사를 받게 만든다. 승단 심사를 통해 수련생들의 수련 욕구를 자극하면서 계속 붙들어두는 무술단체의 영업방식과 유사하다. 빨강 띠와 검정 띠 사이에 중간 띠가 생겨나듯이 등급이 점점 복잡해지는 것도 비슷하다.

마음수련의 등급 체계는 처음에는 4단계였다가 점점 더 높은 단계가 생겨나 지금은 7등급으로 나뉜다. 마음수련에서 '완성' 단계인 4단계를 수료하면 '완성자'로 불리면서 '완성 번호'가 부여되는데, 이제는 그 위에 또 더 높은 단계의 수련이 기다린다. 수련의 길은 끝이 없다. 고급 과정으로 올라갈수록 참가비도 올라간다. 최고급 과정은 참가비가 기천만 원에 이른다. 비싼 약일수록 효험이 있듯이, 많은 비용을 지불하고 프로그램에 참가한 사람들은 자신이 투자한 만큼의 효과를 얻기 위해 기를 쓰기 마련이다.

매뉴얼 만들기에 능숙한 미국인이 개발한 아봐타 코스는 깨달음에 이르는 길을 단계별로 안내하는 현대적 수련 프로그램의 전형이다. 10일 만에 깨달음에 이르게 한다는 속성 코스의 비용은 상당하다. 하지만 단기 과정의 체험은 맛보기에 그치며 더 높은 단계의 코스를 밟고 또 밟아야만 궁극의 깨달음에 이를 수 있다고 선전한다. 단월드나 마음수련의 단계별 수련 법도 이를 벤치마킹한 것일 가능성이 높다. 단월드의 지도자가 되면 '실적'을 강조하는 내부 압박에 직면하게 된다. 회원 수를 늘이고 고급 프로그램에 참여하는 수강생들을 늘이는 것이 주요 목표로 주어진다. 사실상 영적(?) 다단계 회사의 영업사원이 되는 것이다. 단월드를 탈퇴한 한 회원은 이렇게 말한다. "실적이 비전이고 비전이 실적이 되는 것이 이상하지 않나요? 홍익인간, 이화세계인데 대체 왜 신용불량자가 되고 다단계 피라미드 행위를 할까요?"

'신과 나눈 이야기'와 '시크릿'

　　뉴에이지 바람의 끝자락에 등장한 세기말 베스트셀러 『신과 나눈 이야기』와 뒤이어 등장한 『시크릿』은 영적인 성숙과 세속적 성공을 잇고자 하는 사람들의 열망을 반영하고 있다. "나는 너희가 원하는 것을 원한다." "간절히 바라면 온 우주가 돕는다." 이러한 메시지는 좌절감에 빠져 있는 이들에게 다시 일어설 수 있는 힘을 주고 성공을 위한 주문처럼 받아들여졌다. 『신과 나눈 이야기』가 대중을 위한 심리상담서라면, 『시크릿』은 자기계발서의 전형이라고 할 수 있다. 심리학이 대중화되기 시작한 시대적 흐름과도 무관하지 않을 것이다.

『신과 나눈 이야기』의 저자 닐 도날드 월쉬는 다섯 번의 이혼 끝에 9명의 자녀 양육비를 감당해야 하는 상황에서 어느날 '내 인생이 왜 이 모양인가' 하며 신을 원망하는 글을 쓰다가 문득 신의 대답을 듣게 되어 그 기록을 책으로 엮었다고 한다. 뉴에이지 열풍이 최고조에 이르렀던 시기였고, 고차원의 영적 존재와 소통한다는 채널링이 유행하기도 했기에 그의 주장은 큰 거부감 없이 받아들여졌다. 이 책은 많은 사람들에게 현대판 성경으로 받아들여지기도 했지만, 정작 기독교계에서는 성경에 반한다는 이유로 터부시되었다.

월쉬는 죽음학의 선구자인 엘리자베스 퀴블러 로스의 홍보역을 맡은 적도 있고, 목사이자 영적 지도자로 이름난 테리 코울-휘테이커 박사의 홍보담당자로 일한 적도 있는 만큼 이 분야의 책을 쓰기에는 가장 적격인 인물이기도 했다. 그가 『전인적 삶』잡지 편집인, 라디오 토크쇼 진행자이기도 했던 점으로 미루어 볼 때 이런 '썰'을 풀 만한 충분한 역량을 갖추고 있던 것으로 보인다. 뉴에이지와 동양사상 그리고 현대물리학에 대한 기본적인 이해가 있고 연역적 사고를 할 수 있는 사람이라면 이 정도의 생각을 풀어내는 것은 어렵지 않을 것이다.

　　모든 인간에게 신성이 깃들어 있다는 관점에서 볼 때, 그의 문답이 설령 자기 자신과 주고받은 혼잣말이라 할지라도 '신과 나눈 이야기'라는 저 표현이 아주 틀린 말은 아니다. 인류가 전승해온 지혜와 일맥상통하는 점이 많아 지식이 아닌 지혜를 갈구하는 이들에게 쉽게 어필할 수 있는 요소를 충분히 갖고 있다. 한 사람이 집필한 책인 만큼 몇백 년에 걸쳐 편집된 성경보다 일관성이 있고 메시지도 알기 쉽게 잘 정리되어 있다. 그럼에도 수많은 주석서들이 나오고 있고[48] 스터디모임도 세계 곳곳에서 꾸려지고 있다.

　　생각과 감정은 그것을 실체화하는 원동력이 되며, 강한 생각은 비슷한 기운을 끌어당긴다는 것, 이 세상의 1%만이 알고 있었다는 부와 성공의 비밀을 알려준 또 하나의 베스트셀러『시크릿』. 아이러니컬하게도 그 비밀을 만천하에 공개함으로써 '시크릿'의 의미

---

48) 닐 도날드 월시는『신과 나눈 이야기 1, 2, 3』외에 이를 해설하는 책 7권을 더 썼다. 다른 저자들이 쓴 다양한 해설서와 가이드북도 수십 종에 이른다.

를 희석시켜버렸지만, 비밀스런 느낌의 표지 이미지와 제목은 이 책을 세계적 베스트셀러로 만드는 데 적지 않게 기여했을 것이다. 금융위기로 인한 세계적 불황과 자기계발 바람이 기름을 붓는 역할을 하기도 했다. 파울로 코엘료의 『연금술사』 같은 소설이 베스트셀러가 되면서 서로 상승작용을 했을 것이다.

박근혜 전 대통령도 『시크릿』의 애독자였는지, 우주의 기운이 자신을 돕는다는 신념을 갖고 있었던 것으로 보인다. 사이비 교주 스타일의 최태민 목사(?) 같은 사람과 깊은 인연을 맺고 있었던 것으로 미루어 볼 때 그 신념의 뿌리는 상당히 깊을 것이다. 우여곡절 끝에 대통령이 될 수 있었던 데는 그런 신념이 영향을 미쳤을 수 있다. 그리고 지금 503호실에 수감되어 있는 것 또한 어쩌면 더 깊은 의미에서 우주의 기운이 그를 돕고 있는 것일지도 모른다.

도통과
소통

명상과 요가, 마음공부 같은 각종 심신수련법들이 유행하는 것은 먹고사는 문제가 어느 정도 해결된 사회에서 공통으로 나타나는 현상이다. '잘사는' 것만으로는 해결되지 않는 문제들이 있기 때문이다. 도교의 영향을 받은 '도 닦는다'는 표현은 이제 거의 쓰이지 않지만[49] 소위 '도판'은 오늘날에도 곳곳에서 성업 중이다. '한소식 했다'는 도사들도 적지 않다. 도판과 종교판은 경계가 애매하다. 자칭 재림 예수인 사람

---

[49] 한때 길거리에서 '도를 아십니까'를 묻고 다니던 한 포교 집단이 '도'에 대한 대중의 인식을 왜곡시킨 점도 있지만, 민간에는 '도 닦는 것은 할 일 없는 사람이 하는 일이라는 인식이 있다.

과 도사의 경계 역시 애매하다.

모든 심신수련은 결국 소통의 방편이라 할 수 있다. 내면과 소통하는 목적도 외부와의 소통을 잘하기 위한 것이다. 가까운 이웃과 소통하지 못한다면 신과 직통 채널로 통한들 무슨 소용이 있을까. "사람의 방언과 천사의 말을 할지라도 사랑이 없으면 소리 나는 구리와 울리는 꽹과리에 지나지 않는다"는 성서 구절도 이런 뜻일 것이다. 소통에 서툰 사람들이 마음수련을 한다고 해서 금방 소통을 잘하게 되지는 않는다. 무문관에 들어가 홀로 결가부좌를 하고서 면벽수행하기보다는 차라리 축구나 농구를 하는 것이 더 나을지도 모른다. 패스도 주고받아본 사람이 잘하기 마련이다.

40여 년 동안 합기도를 수련해오고 있는 우치다 타츠루 선생은 무도 수련의 근본 목적 또한 커뮤니케이션 감도를 높이는 데 있다고 말한다. 이 관점에서 보자면 태극권처럼 홀로 하는 무도보다 합기도나 유도처럼 상대가 있는 무도가 소통 능력을 기르는 데는 더 도움이 될 것이다. 수련을 할수록 자기중심적이 되고 주변과 소통하지 못한다면 수련을 잘못하고 있다는 반증인 셈이다. 내면의 소리에는 귀를 기울이려 애쓰면서 이웃의 목소리에는 귀를 막고, 채식을 하고자 노력하면서 숲을 망가뜨린다면 그런 수련이 무슨 의미가 있을까.[50]

심신수련에 관심을 갖는 사람들은 자신과의 소통이든 남과의 소통에서 어려움을 겪다 보니 삶이 고단하여 마음공부나 수련에 눈을 뜨게 되는 경우가 적지 않을 것이다. 종교적 구도심에서 깨달음이나 도통을 추구하는 이들도 있지만, 종교적 수행으로 사회적 소통 능력이 길러지지는 않는다. 저마다 자기계발에 올인한다고 해서 청년 취업난이 해결되지 않듯이, 사회적 소통 능력은 단순히 개인의 자질 함양으로 기를 수 있는 것이 아니다.

2천년대 들어 쏟아져 나오는 자기계발서들은 신자유주의 시대의 산물이기도 하다. 자동화 기술이 발달하고 노동시장이 유연화되면서 한정된 일자리를 두고 무한경쟁을 하게 된 사회경제적 배경에서 비롯

---

50) 세계적으로 이름난 한 채식 명상단체는 미국 플로리다에서 국제 행사를 개최하면서 맹그로브 숲을 망가트려 국제적으로 비난을 받았다.

된 현상이다. 자기계발이 강조되면서 사회구조적 문제가 가려지는 것처럼 마음공부나 영적 수행을 강조하는 것은 자칫 소통의 문제를 개인의 자질 문제로 축소시킬 우려가 있다. 남녀 간의 소통이 어려운 경우 가부장적 문화가 더 큰 원인일 수 있다. 개인의 문제를 사회의 문제로 합리화해서는 문제를 해결할 수 없듯이, 문화나 제도의 문제를 개인의 문제로 덮어서는 곤란하다.

개인의 변화로 소통이 원활해질 수 있는 문제라면 마음공부나 수련이 도움이 되겠지만 구조적인 문제는 공동체 차원에서 풀어야 한다. 민주적 의사결정구조가 제대로 정착되지 않은 집단에서는 목소리 큰 사람들의 말대로 일이 흘러가기 십상이다. 흔히 마음수련 하는 이들은 대체로 선한 사람이어서 문제의 원인을 자기에게서 찾고 변화하려 애쓰는 편이다. 이런 태도가 소통에 도움이 될 수도 있지만, 말이 통하지 않는 상대가 있을 때는 속수무책으로 당하기 십상이다. 사회구조적으로 해결해야 하는 문제를 개인의 수양으로 해결하려 드는 것은 문제의 차원을 제대로 읽지 못한 것이다.

반지성 성찰

도통(道通)의 본질은 소통이다. '도와 통했다'라는 것은 곧 '스스로 길이 되었다'는 것을 달리 표현한 말일 것이다. 예수가 말했듯이, '내가 곧 길이요 진리요 생명'임을 아는 그 경지는 '나'가 사라진 무아의 경지다. 원효가 저잣거리에서 무애가(無碍歌)를 부르면서 각설이처럼 춤추며 돌아다녔듯이 걸림(碍)이 없는 세계다. 예수가 창녀와 세리들과 어울렸던 것처럼 진정한 도통은 이웃과 통하는 것, 그 중에서도 가장 가난하고 무시당하는 이들과 통하는 것이리라. 사이비와 진짜의 경계는 여기에 있지 않을까.

교육계에 파고드는 유사과학

160

반지성
주의보

진화론을 부정하고 창조설을 과학적 이론이라 주장하는 기독교인들이 있다. 근본주의자들만이 아니라 평범한 많은 기독교인들도 창조설과 진화론 사이에서 길을 잃고 헤맨다. 고대의 설화나 신화를 현대의 과학 이론과 나란히 놓고 옳고 그름을 따지는 것은 지성적인 태도가 아니다. 미국의 근본주의 기독교계와 그 영향을 받고 있는 한국의 보수 기독교계는 진화론이 창조론과 충돌하지 않는다는 것을 잘 이해하지 못하고 있다.

40년 전에 결성된 한국창조과학회는 창조'론'의 관점에서 자연 현상과 인간의 역사를 해석하기 위해 애쓰는 단체다.[51] 성경에 근거해 지구의 역사가 6천 년이라고 주장하기도 한다. 진화론을 인정하는 일부 개신교의 경우 빅뱅 이론 같은 과학적 우주론과 진화론 모두 창조의 일환으로 보는 '진화론적 창조설'을 채택하고 있지만, 주류 개신교 교단은 이를 이단시한다. 많은 미션스쿨에서 지구가 6,000~12,000년 전에 창조됐다는 '젊은 지구' 가설에 입각한 창조과학을 가르친다. 하지만 가톨릭은 일찍이 성경의 창세기에 대해 "내용 그대로 이해해서는 안 되며 하느님의 사랑을 주제로 이해해야 한다"고 공표한 바 있다.

양식사학은 성경의 천지창조 이야기를 과학적 '이론'이 아니라 '고백'으로 받아들여야 한다고 말한다. 연애편지와 논문을 헷갈리면 안 된다는 얘기다. 수메르 신화를 비롯해 고대 문화의 수많은 창조 신화들은 그 시대 사람들의 세계관을 표현한 것이다. 불가사의하고 위험하게 보이는 이 세계가 아버지 같은 신의 손

---

51) 한국창조과학회는 1981년 결성되어 지금도 활동을 이어오고 있다. 2011년 설립 30주년 기념으로 『30가지 테마로 본 창조과학』이란 책을 출판했는데, 도서관 십진분류법(KDC)에서는 자연과학(400)이 아닌 기독교신학(231)으로 분류되어 있다.

길로 창조되었고 따라서 인간에게 결코 적대적이지 않다는 믿음의 표현이라는 얘기다.

2017년 문재인 정부의 초대 중소벤처기업부 장관으로 지명된 박성진 포항공대 교수가 한국창조과학회 이사라는 사실이 밝혀지면서 논란이 된 적이 있다. 국회 청문회에서 지구가 6천 년 전에 만들어졌다고 믿는다고 밝혀 사람들을 놀라게 했다. 결국 자진 사퇴했지만, 지명 과정에서 충분히 드러났을 이력에도 불구하고 그를 지명했다는 사실이 문재인 정부 인사 정책의 허술함을 보여주었다. 포항 한동대는 한국 창조과학의 본산지나 다름없는 곳이다. 초대 총장이 한국창조과학회를 만든 사람이며 대학 내에 창조과학연구소를 두고 있기도 하다.

물리학자 김범준은, 창조과학은 과학과 비슷한점이 없으니 유사과학이라 부르기도 과분해 가짜과학이라 불러야 마땅하다고 말한다. 지명 논란 당시 대학신문에 게재한 칼럼에서 창조과학의 비과학적인 주장을 이렇게 비판한다. "한국창조과학회 홈페이지에 실려 있는 '진화론이 거짓인 이유'라는 글에서 진화가 엔트로피 증가의 법칙에 위배된다는 항목에 웃음이 터져 읽기를 멈출 수밖에 없었다. 외부와 끊임없이 영향을 주고받는 생명체와 같은 열린계에는 엔트로피 증가의 법칙이 적용될 수 없다는 것은 상식 중의 상식이다. 이 논리에 따르면, 몸무게가 늘어나는 것도 엔트로피 증가의 법칙에 위배되니 불가능하다. 중년의 뱃살이 환상일 뿐이라면 얼마나 좋을까."[52]

학교에서 진화론을 가르치는 것을 반대하는 '교과서진화론개정추진회'는 2012년 과학 교과서에서 진화의 증거로 든 시조새 관련 부분 등을 삭제하라는 청원을 낸 적이 있다. 논란이 커지자 과학기술 분야 석학 모임인 한국과학기술한림원에서 기자회견을 열어 "진화론은 가설 수준의 이론이 아니라 과학적 반증을 통해 정립된 현대과학의 매우 중요한 핵심 이론의 하나로 모든 학생들에게 반드시 가르쳐야 한다"고 밝히면서 소동은 일단락되었다.

우리말 '믿음'은 맥락 속에서 사뭇 다른 의미로 쓰인다. 믿음은 때로 신념으로, 때로는 신뢰로 나타난다. 예수가 신의 아들임을 믿는 것은 신념일까, 신뢰

---

52) 김범준, '창조과학은 과학이 아니다', 성대신문, 2017. 9. 26.

일까? 신이 자신의 아들을 대신 죽게 할 만큼 인간을 사랑한다는 믿음, 신의 아들이 죄 많은 인간들을 위해 스스로 목숨을 버릴 만큼 인간을 사랑한다는 믿음이 신뢰라면, 그리스 신화에 나오는 제우스와 헤라클레스 관계처럼 말 그대로 예수가 신의 아들이라 믿는 것은 신념이다. 신념과 신뢰는 전혀 다르다.

　'순종하는 3살, 복종하는 7살, 효도하는 10대-성경대로 하면 됩니다.' 한국기독교홈스쿨협회에서 연 세미나의 주제. 기독교계 학교나 홈스쿨링 부모들이 중요한 가치로 생각하는 '순종'에 대해서도 더 깊이 이해할 필요가 있다. 하나님께 순종하듯이 부모에게 순종하고, 목회자에게 순종하고, 선생님에게 순종하도록 아이들을 가르치는 것이 과연 올바른 교육일까? 혹 이데올로기를 신앙이라 잘못 이해하고 있는 것이 아닌가. 이데올로기란 어떤 계급의 이익을 깔고 있는 신념체계를 말한다. 지난날 학교에서 주입시켰던 충효 이데올로기와 여러 모로 닮지 않았는가. 신앙은 그런 신념이 아니라 '신뢰'다. "믿습니다!" 하는 믿음이 아니라 아이가 엄마를 믿듯이 하나님의 사랑을 신뢰하는 것이다.

권력화한 교단과 목회자 중에는 종교적 의미에서의 순종을 정치적 의미의 복종으로 해석하여 자신의 권력을 강화하는 수단으로 삼는 이들이 적지 않다. 절대자에게 복종하는 이들은 자신보다 약한 이들 위에 군림함으로써 절대권력의 부스러기를 누린다. 길 잃은 양들을 침묵시키며 자신의 신념을 주입하는 목회자들을 경계할 일이다. 종교권력이 세속권력까지 넘본 역사는 오래지만, 오늘날 문명사회는 정교분리를 원칙으로 하고 있다. 문명사회의 공교육기관이 종교교육을 하지 않는 것도 그 때문이다.

하나님의 법보다 헌법이 우선하는 한국 공교육 시스템 속에서 신앙에 기초한 교육관을 관철하기 어렵게 된 기독교계는 원하는 종교교육을 하고자 공교육의 간섭을 받지 않는 새로운 사립학교를 만들기도 한다. 지난 20여 년 동안 기독교 대안학교라는 이름으로 2백 개 가까운 학교들이 생겨났으며, 대부분 예배를 필수 교육과정으로 편성해놓고 있다. 자신들의 신앙에 근거해 '대안학교' 간판을 거는 것을 나무랄 수는 없는 일이다. 그 또한 하나의 '대안'이므로.

하지만 그 대안이 교육자들을 위한 대안이 아

닌 학생들을 위한 대안이 될 수 있으려면 아이들이 정말 진리를 찾을 수 있도록 도와줄 수 있어야 한다. 물론 그런 학교일수록 스스로 진리를 찾는 교육을 한다고 주장하지만, 진리란 우리를 어떤 신념체계에 가두는 것이 아니라 모름지기 우리를 자유롭게 하는 것이다. '진리탐구'라는 말이 빛바랜 것만큼이나 오늘날 교육은 진리와 거리가 한참 먼 것이 되고 말았지만, 여전히 아이들의 영혼은 진리를 갈구하고 있다. 그들의 목마름을 이용하지 말아야 한다.

뇌호흡,
뇌교육이라는
유사뇌과학

1970년대 이후 서구사회에서 불기 시작한 뉴에이지 바람과 국내에서 일기 시작한 민족주의 바람을 타고 급속도로 세를 확대한 단학은 전통적인 선도(仙道) 사상에 맥이 닿아 있는 양생술의 호흡법과 체조를 체계화하여 대중에게 맞게 개발한 수련법이다. 일지선사로 알려진 이승헌이 1985년 서울 강남구 신사동에 처음 문을 연 단학선원은 90년대 들어 뇌호흡, 뇌교육을 내세우며 뇌과학과 유사과학의 경계를 넘나들면서 대중들뿐만 아니라 지식인들 속으로도 파고들었다. 21세기 들어서는 세계화 바람을 타고 '단월드'로 이름을 바꾸어 전 세계에 지부를 개설하며 세를 확장했다. 뉴에이지와 웰빙 바람에 한류 바람까지 가세하면서 현재 10여 개 나라에 120여 개 사업체를 둔 '글로벌 기업'이 되었다.

　　전통적 선도사상과 민족주의가 결합된 단학은 증산도와 일맥상통하는 면이 있다. 하지만 단월드는 증산도와 달리 종교적 외피를 두르는 대신 주식회사라는 법적 지위를 갖고, 현대의 웰빙 바람에 편승하여 수련단체이자 교육기관으로 자신을 포장하고 있다. 최신 뇌과학 이론을 짜깁기해, 뇌호흡 수련으로 집중력이 향상된다거나 코로나 팬데믹 이후에는 면역력 증강을 앞세워 프로그램을 홍보한다. 시류에 편승한 탁월한 사업수완을 바탕으로 단월드는 전면에 나서지 않은 채 다양한 단체들을 앞세워 사업 영역을 확대해오고 있다.

　　단월드는 학교에 단군상을 세워 민족의식을 고취하고 뇌호흡으로 집중력을 높일 수 있다면서 일찍부터 교육계를 파고들었다. 80년대 국풍 바람에 편승하여 단군을 앞세워 사회적 입지를 다지고, 90년대 이후 뇌과학 바람을 타고 뇌호흡을 앞세워 교육계에서 입지를 넓혀왔다. 많은 학교에서 뇌호흡 특강이 이루어지고, 기업체 등에서도 직원교육 프로그램으로 도입되었다. 단월드는 국학원과 국제뇌교육종합대학원대학교를 설립하여 초중고에 강사를 파견하고, 교사연수 프로그램을 운영하는 등 교육계에 꾸준히 영향력을 확대하고 있다. 단월드 계열의 한문화학원이 2009년 설립한 글로벌사이버대학교에는 뇌교육융합학부가 개설되어 있다.

2천년대 들어 단월드는 한국뇌과학연구원을 설립하여 뇌교육을 전면에 내세워 교육계를 파고들었다.[53] 단월드의 '뇌파진동'은 머리를 좌우로 흔드는 도리도리 동작을 5분 동안 반복하는 것인데, 사실 뇌에 도움될 만한 동작은 아니다. 우리 몸은 뇌를 충격에서 보호하기 위해 단단한 두개골로 감쌀 뿐만 아니라 뇌척수액이라는 액체 속에 떠 있게 진화했는데, 머리를 흔든다고 뇌파가 바뀐다면 뇌에 문제가 있는 것이다. 머리를 많이 얻어맞은 권투선수가 파킨슨병에 잘 걸리는 것은 그만큼 우리 뇌가 충격에 취약하다는 반증

---

53) 2002년 단월드가 설립한 한국뇌과학연구원은 2011년 뇌연구촉진법에 의해 설립된 정부 출연 기관인 한국뇌연구원과 유사한 명칭으로 인해 혼동을 일으키곤 한다.

이다. 6개월 동안 뇌호흡 수련을 한 초등학생이 틱 장애와 정서불안 증세를 보여 걱정하는 엄마의 글이 인터넷에 올라오기도 한다.

단월드 뇌교육의 비과학적이고 반교육적인 면모는 한국뇌과학연구원 이승헌 원장이 2003년 '초감각 인지능력 시연회'를 열어 뇌호흡 수련으로 투시력을 기를 수 있다고 주장한 데서 적나라하게 드러난다. 그해 제임스 랜디의 방한을 계기로 SBS에서 연 〈도전, 100만 달러 초능력자를 찾아라〉[54] 프로그램에서 투시 능력 실험 실패 이후 뇌호흡이란 용어는 뇌교육, 뇌과학이라는 말로 대체되었다. 좀더 과학적인 외피를 두른 셈이다. 사기 행각이 드러났음에도 단월드는 청소년수련회 등에서 눈가리개를 하고 카드 알아맞히기 연습을 시키고 있으며, 심지어 이를 겨루는 대회까

---

54) 눈가리개를 한 채 고개를 들면 가리개 아래 틈새로 탁자 위 카드를 볼 수 있다. 카드를 얼굴 정면에 배치하자 거의 알아맞히지 못했다. 초능력 사기꾼 헌터로 알려진 제임스 랜디는 일찍이 100만 달러의 상금을 걸고 자신에게 초능력을 입증해 보이는 사람을 공개적으로 찾았지만 50년 동안 한 사람도 상금을 타지 못했다.

지 열고 있다.[55] 단월드를 다니는 부모의 자녀들이 주 대상으로, 아이들의 지성과 부모의 돈을 빼먹는 전형적인 사기 행각이다.

그럼에도 단월드의 유사뇌과학, 유사역사학이 공교육에 접목되는 사례가 늘고 있다. 나라사랑교육이란 이름으로 유사역사학 주장을 학생들에게 주입하고, 창의성을 개발한다면서 뇌파진동을 보급한다. 교사들의 증언에 따르면 지금도 단월드와 연계된 뇌교육 연수 관련 공문이 교육청 이름으로 각급 학교에 내려오고 있다. 유사과학이 교육현장에 파고드는 것을 경계해야 할 교육당국이 오히려 이를 지원하는 셈이다.[56] 2019년 한국뇌과학연구원이 개최한 '브레인 명상 콘퍼런스'를 과학기술부가 후원하는 것에 대해 과

---

55) 국제브레인HSP올림피아드는 사실상 초감각적 지각 경진대회로, 단월드 자체 행사임에도 국제행사인 것처럼 포장하고 있다. 원래 HSP는 뉴에이지에서 즐겨 쓰던 ESP(Extra Sensory Perception)에서 발전한 개념인 Hightened Sensory Perception의 약자로 통용되는데, 단월드에서는 이를 Health, Smile, Peace 약자로 쓰면서 HSP가 붙은 사업체를 여럿 운영하고 있다.

56) 2016년 제주에서 열린 10회 국제브레인HSP올림피아드 대회는 제주교육청 후원으로 진행되었다.

학계가 문제를 제기하면서 행사 하루 전 후원 명칭에서 빠지는 해프닝이 일어나기도 했다. 유사과학을 퍼트리는 단체에 공공 예산이 쓰인다는 사실은 우리 사회 시스템의 취약성을 여실히 보여준다.[57]

단월드는 국학원을 통해 2014년 벤자민인성영재학교라는 대안학교를 설립하고, 진로를 찾는 1년 과정의 벤자민 갭이어 과정도 열고 있다. 교육계의 최신 트렌드를 좇아가고 있는 셈이다. 단월드에 빠진 부모의 설득으로 입학한 학생들이 대부분인데, 교육과정을 보면 단월드 지도자를 양성하려는 목적에 충실한 학교임을 알 수 있다. HSP 12단 과정이라면서 물구나무 서서 걷기를 연습시키거나 뇌파진동이라며 머리를 흔들고, 투시력을 기른다며 안대 끼고 카드 보는 연습을 시키는 등 아이들의 지성을 좀먹는 교육을 영재교육이라며 하고 있다.

단월드, 마음수련 등 많은 수련단체들의 공통

---

57) 뉴스타파가 보도한 2018년 자료에 의하면 행정안전부는 2009년부터 총 3억6200만 원의 정부보조금을 단월드 계열인 국학원에 지원했다. 보조금은 대부분 나라사랑교육 강사비로 지출되었는데, 『환단고기』에 근거한 유사역사학을 강의할 뿐만 아니라 뇌교육을 홍보하는 등 많은 문제점이 드러났다.

점은 창시자를 우러러 모신다는 점이다. 신격화에 가깝게 숭배하기도 한다. [58] 마음을 다스리는 수련은 수련생들로 하여금 다스림 받기 쉬운 상태가 되게 만든다. 단체가 설립되고 조직화가 이루어지면 조직의 생리상 창시자를 높이는 것이 곧 조직의 위상을 높이는 일이 되고, 자신이 하고 있는 일에 의미를 부여하는 일이 된다. 창시자를 절대화하면서 그 절대 권력을 대신 행사하는 이들이 나타나고, 추종자들이 생겨나면서 자연스럽게 권력의 피라미드 구조가 만들어진다. 깨달음이라는 것이 객관적 검증이 불가능하고 스승의 인가를 통해서만 승인되는 점도 수련단체가 사기를 칠 수 있는 좋은 조건이다. 영적 계급 체계에 의해 스승의 권력이 절대화되면서 어느덧 교조화의 길로 접어든다. '절대 권력은 절대적으로 부패한다'는 원리는 도판에서도 마찬가지로 작용한다.

　　조직화가 진행되면서 조직이 점점 외부와 단절되는 폐쇄성을 띠게 되는 것도 공통된 점이다. 자신이

---

58) '마음수련'은 창시자 우명과 그의 부인, 아들까지 숭배의 대상으로 만들고 있다.

믿는 가치를 위해 재산과 가족, 친구 등 모든 것을 포기하면서 세상과의 관계를 스스로 끊게 되면 거기서 빠져나오기가 더욱 힘들어진다.[59] 자신이 헌신한 단체를 등지는 것은 사랑하는 사람을 잃는 경험과 비슷하다고 한다. 자신의 선택이 잘못되었음을 인정하는 데는 상당한 심리적 고통이 따르기 때문에 자신의 믿음을 강화하는 쪽으로 심리기제가 작동하기 마련이다. 많은 수련단체들이 사실상 사이비 종교단체처럼 운영되고 있음에도 내부인들은 그 사실을 부정하며 한사코 명상단체 또는 수련단체로 규정하려 애쓰는 것도 공통된 현상이다.

시인 김지하는 일찍이 단학에 심취하여 이승헌의 제자가 되기를 자청했다가 내부 비리를 접하고 탈퇴한 뒤 이를 고발하는 공개 기자회견을 연 적이 있다. 1999년 당시 이미 이승헌 총재의 성추문과 각종 비리 문제가 떠올랐지만 어찌된 일인지 유야무야되

---

59) 단월드에 들어와 재산을 잃고 인간관계까지 단절된 이들이 늘어나면서 단월드피해자가족연대가 만들어지고, 안티사이비(antisybi.org) 같은 단체가 단월드의 실체를 알리는 데 앞장서고 있지만 단월드의 홍보력이 앞서는 실정이다.

고 말았다. 그리고 십 년 뒤 미국 언론에서 단월드의 성폭력과 노동착취 문제가 보도되기에 이르고, 이듬해 2010년 《신동아》의 심층 취재에 이어 SBS 〈그것이 알고 싶다〉에 각종 의혹들이 보도되면서 단월드는 상당한 타격을 입게 된다. 하지만 뇌교육과 관련해서는 법적으로 문제 삼기에 애매해서인지 사회적 문제로 떠오르지 않았으며, 교육계 역시 이를 문제 삼은적이 없다. 단월드는 한국뇌과학연구원을 통해 국제브레인HSP올림피아드를 주관하면서 오늘날에도 유사뇌과학을 퍼트리고 있다.

민족주의에
편승한
유사역사학

한국 사회에서 80년대는 민주화운동과 함께 민족주의 열풍이 몰아치던 시기다. 독재 정권이 의도적으로 '국풍' 바람을 일으키기도 했지만, 운동권에서 일고 있던 민족주의가 뉴에이지 바람과 시너지 작용을 일으키면서 급격히 세를 확대했다. 택견, 국선도 같은 전통 수련법이 보급되고 증산도, 대순진리회 같은 신흥종교가 대중 속으로 파고들었다. 단학선원, 마음수련 같은 신생 수련단체들이 세를 확대한 것도 이 무렵이다. 1985년 소설『단』이 베스트셀러가 된 이듬해『환단고기』의 한글 번역본『한단고기』가 출간되면서 '위

대한 한민족 신화'가 역사의 영역으로 들어왔다. [60]

　　『환단고기』는 우리나라가 환국, 배달국, 단군조선으로 이어지는 1만 년의 역사를 가지고 있으며, 삼한은 만주, 중국, 한반도에 걸쳐 있었다고 주장한다. 이런 주장은 민족주의 계열의 종교나 단체에 쉽게 접목된다. 전통적 선도사상은 태생적으로 민족주의와 결합하기 쉬운 사상이다. 증산도 계열의 단체인 사단법인 '대한사랑'에서는 각급 학교를 찾아가 '참역사'를 강의하는데, 그 교재가 증산도 역주본 『환단고기』다. [61] 단월드에서도 일찍이 국학원을 설립하여 학교에 단군상 건립 운동을 벌이고, 학생들과 교사들을 대상으로 유사역사학에 근거한 나라사랑교육을 해오고

---

60) 환단고기(桓檀古記)는 '환인, 환웅, 단군에 대한 오래된 기록'이라는 뜻이다. 이유립이 1979년에 처음 펴낸 한문본을 일본인 유사역사학자 가지마 노보루(鹿島昇)가 일역하고, 이를 임승국이 재번역해 펴낸 것이 『한단고기』다. 임승국은 "환인은 우리말 하느님을 한문으로 음차한 것이고, 환은 곧 하늘의 준말인 한"이라는데, 근거가 없는 주장이다.

61) 2011년에 증산도 교주 안경전이 『환단고기』 내용을 교리화한 이래, 증산도에서는 『환단고기』를 경전처럼 받들면서 적극 홍보하고 있다.

있다.[62]

『환단고기』에 대해서는 일찍부터 학계에서 논란이 되면서 위서로 판명되었지만, 아직도 이를 인정하지 않는 이들이 적지 않다. 저자 이유립은 1911년 계연수라는 사람이 전해 내려오던 문헌 5권을 하나로 묶어 출간한 것을 자신이 재출간한다고 주장했지만, 학계는 이유립 자신이 저술한 것으로 보고 있다. 설령 계연수가 편집한 책이 맞다 하더라도 문헌의 사료적 가치가 거의 없어 유사역사서로 분류된다. 역사학자 이이화는 역사 교과서 국정화 논란 당시 『환단고기』에 대해 이렇게 비판했다. "석기시대에 돌멩이 들고 싸우던 시절인데 어떻게 제국을 건설해요? 역사발전에서 그 시기는 부족국가 시대예요."[63]

하지만 민족주의에 기초한 유사역사학은 교육계뿐만 아니라 학계와 정관계에도 깊숙이 파고들었

---

62) 보수 기독교계 단체에서 단군상을 훼손하면서 기독교계 쪽으로 사회적 비난이 돌아갔지만, 국수주의 역사학자나 근본주의 기독교인이나 편협한 세계관에 갇혀 있다는 점에서는 다르지 않다.

63) 이이화, '역사의 판단에 맡겨? 역사가 쓰레기통이냐?', 한겨레, 2015. 11. 21.

다. 박근혜 정부 당시 국사 교과서 국정화 작업에 유사역사학이 개입해 고대사를 늘리고 근현대사를 줄이는 방향으로 개편이 추진되다가 무산되었다. 유사역사학은 '제도권 역사학 곧 식민사관'이라는 도식을 등에 업고 스스로를 재야사학으로 자리매김하면서 강단사학의 대척점에 자신을 위치시킨다.[64] 이는 마치 민간요법 수준의 대체의학이 현대의학의 대척점에 있는 듯이 자신을 포장하는 것과 비슷하다. 제도권 역사학계에 대한 불신으로 인해 『환단고기』를 둘러싼 논쟁은 오늘날까지 이어지고 있다.

근대국가를 형성하는 데 민족주의가 기여한 바가 적지 않다. 고대사를 자민족 중심으로 서술하는 유사역사학은 사실 세계적인 현상이기도 하다.[65] 이스라엘의 시오니즘은 유사역사학에 기초하고 있는 뿌리 깊은 정서다. 19세기 말 유럽 열강의 지배에 놓이

---

64) 대표적인 인물이 이덕일이다. 하지만 재야 역사학자가 모두 유사역사학을 옹호하는 것은 아니다. 이이화는 유사역사학을 신랄하게 비판한다.

65) 한스 울리히 베르너, 이용일 옮김, 『허구의 민족주의』, 푸른역사, 2007.

게 된 터키에서 일어난 투라니즘 또한 터키가 인류 문명의 발원지이며 아시아 전체를 지배했다고 주장한다.[66] 『환단고기』의 터키 버전인 셈이다(사실은 『환단고기』가 투라니즘의 한민족 버전이다). 투라니즘은 일본과 중국으로 전파되어 오늘날 일본의 교과서 왜곡이나 중국의 동북공정으로 이어지고 있다. 주변국의 이런 흐름이 우리의 민족 정서를 건드리면서 유사역사학이 세를 넓히는 토양을 제공하고 있기도 하다. 사실상 각국의 유사역사학이 서로를 부양하고 있는 셈이다.[67]

우리나라 유사역사학의 뿌리도 꽤 깊다. 『환단고기』가 세상에 나오기 이전부터 한민족의 고대사를 부풀리는 유사역사학이 존재했다.[68] 일제 부역자였던 문정창은 해방 후 역사학자로 변신해 '한민족의 위대

---

66) 범게르만주의와 범슬라브주의에 대항하여 고대의 우랄 알타이 어족을 투란족으로 묶으려는 범투란족주의로, 20세기 초 일본을 거쳐 우리나라에도 들어왔다. 대동아공영권은 투라니즘의 일본 버전이다.

67) 1980년대 국풍 바람이 불면서 역사탐방 하는 이들이 만주 지역을 답사하며 태극기를 꽂고 우리 땅이라 선언하곤 한 것이 중국의 동북공정에 빌미를 제공한 측면이 있다.

68) 역사학자 이문영은 『유사역사학 비판』에서 '최동-문정창-안호상-이유립-임승국'으로 이어지는 유사역사학자들의 계보를 추적하고 있다.

한 고대사' 토대를 닦은 인물이다. 초대 문교부장관을 지낸 안호상은 문정창과 함께 국사찾기협의회라는 유사역사학 단체를 결성해 1978년에 국사 교과서 정정을 청구하는 행정소송을 제기하기도 했다.[69] 역사학계는 식민사관을 비판하는 유사역사학이 실은 일제의 식민사관에서 주어만 바꾸었을 뿐이라고 비판한다. 민족적 자긍심을 북돋고자 우리 역사가 반도의 역사가 아닌 대륙의 역사라고 주장하는 것은 반도의 역사는 열등하다는 식민주의 사관을 그대로 수용하는 것이나 마찬가지라는 것이다.

　　역사학계의 비판에도 불구하고 유사역사학은 80년대 이후 민족주의 바람을 타고 대중 속으로 파고드는 데 성공했다. 월드컵 응원단 붉은악마의 엠블럼으로 치우천왕이 등장하고, 소설과 드라마 등 다양한 문화 콘텐츠에도 유사역사학의 내용이 등장하기에 이르렀다. 유사역사학이 표면적으로는 반식민사학 기조를 띠고 있어 보수 우파뿐 아니라 진보를 자처하는 사

---

69) 안호상은 나치의 유겐트를 본따 학도호국단을 만든 인물로 한국고대사학회 회장을 지냈고 대종교 신도이기도 했다.

람들에게도 거부감 없이 수용되는 실정이다.[70] 2017
년 당시 문화체육부 장관 후보자로 내정된 도종환 전
장관이 유사역사학에 경도되어 있다는 비판이 제기되
기도 했다.

유사과학은 사실상 과학이라 할 수 없을 만치
논리적인 허점이 많다. 과학과 유사한 것이 아니라 비
과학적이거나 반과학적이기까지 하다. 과학계가 유사
과학의 주장을 조목조목 비판하지 않는 까닭은 사실
상 논박할 만한 가치가 없기 때문이다. 지구 나이가 6
천 년이고 인간과 공룡이 같이 살았다는 창조과학의
주장을 물리학자나 지구과학자, 진화생물학자가 진지
하게 다룰 수는 없는 노릇이다. 유사역사학의 경우 역
사학의 특성상 과학적 검증이 쉽지 않고 민족주의 정
서와 깊이 연계되어 일반인들과 지식인들 사이에서도
쉽게 받아들여지다 보니 학계에서도 논란이 되는 편
이다.

위기에 처한 민족이 민족적 정체성을 확립하고
자 꾸며낸 이야기를 빌어 민족의 자긍심을 높이는 것

---

70) 기경량, '사이비 역사학과 역사 파시즘', 역사비평, 2016년 2월.

은 역사적으로 되풀이되어온 일이다. 하지만 어느 선에서 멈추지 않고 폭주하게 되면 쇼비니즘으로 치닫게 된다. 독일 제3제국과 대일본제국이 걸었던 길이다. 폭주의 가능성은 언제나 어디나 있다. 오늘날 그 가능성이 가장 높은 국가는 아마도 중국일 것이다. 백여 년 전에 당한 굴욕의 역사를 씻어내려는 몸부림이 폭주로 이어질 조짐을 곳곳에서 보이고 있다. 동북공정 같은 중국식 유사역사학에 『환단고기』식의 유사역사학으로 대처하는 것은 동아시아의 평화를 위해서도 결코 바람직하지 않다.